KB153395

5개국어
물려준
엄마이야기

한글로 5개국어 물려준 엄마이야기

장춘화 쓰고
김종성 그림

한GLO

"엄마라는 이름으로"

"학습문제에 이해력과 문제 해결력이 학반에서 가장 뒤떨어짐". 아들이 초2 때 학교에서 받아온 실제 성적표입니다. 아이들은 시골 전교 꼴등, 4인가족 월수입 220만원. 개천에서 용날 만한 조건은 하나도 없었습니다. 전국 상위 2%가 아니라 하위 2%에 속하는 이 아이들을 두고 인서울은 진작 포기했지요. 그래도 영어. 영어만큼은 말을 잘하게 해주고 싶었습니다. 평생 내 발목 붙잡던 영어였지만 아이에게는 걸림돌이 되지 않길 바랐습니다. 영어 말 하나만 잘 해도 밥벌이는 할 테니까.

그런데 웬걸? 우리나라에서 인서울보다 더 힘든 게 영어였습니다. 온국민이 초중고대 14년을 공부해도 영어 한마디 못하는 현실, 공부하면 할수록 말이 더 안되는 현실. 이제 영어는 잘사는 부자들의 전유물이 되어버렸습니다. 한국의 영어 학습방법에는 분명 문제가 있어 보였습니다.

수많은 날을 고민하고 기도하다 마침내 방법을 찾았습니다. 바로 한글입니다. 너무 편해서 귀한줄도 모르고 썼던 한글. 저는 한글을 통해 우리 아이들에게 5개국어를 물려주었습니다. 영어와 중국어는 원어민처럼 하고, 일본어와 스페인어는 기본적인 구사를 합니다. 딸은 영어 중국어 의료통역사가 되었고, 아들은 군대 통역병을 거쳐 대기업 해외영업직으로 일하고 있습니다.

소문이 꼬리에 꼬리를 물며 찾아온 전국 수많은 엄마와 아이들도 한글로영어의 효과를 톡톡히 보았습니다. 심지어 그 아이들이 우리 아이들보다 훨씬 잘했습니다. 외국인들이 발음을 들어보더니 단연코 최고라 칭찬 일색입니다. 하지만 이 좋은 학습법을 십여 년간 사람들에게 전하면서 상상도 못할 편견과 시련을 맛봤습니다. 일본의 한글말살정책 잔재가 어찌나 뿌리깊은지 아직도 영어 밑에 한글 발음 달아 배우는 것을 우리 스스로가 이유 없이 반대합니다.

결국 우리는 앞에 있는 두 길 중 하나를 선택해야만 합니다. 내가 걸어온 그 길을 내 아이도 다시 걷게 할 것인지, 아니면 두려움을 이기고 새로운 길을 걷게 할 것인지. 남들이 안가는 길을 가는 건 용기가 필요합니다. 우리 아이들에게 영어 중국어 양날개를 달아줄 수 있는 주역은 바로 엄마입니다. 엄마의 선택으로 우리 아이들의 미래가 바뀌고, 우리나라의 미래가 달라질 수도 있습니다.

머리 좋은 우리나라 아이들이 영어와 중국어 두 날개 달고 전 세계를 훨훨 날아다니기를 염원하며, 지금부터 저의 글을 시작합니다.

글쓴이 장춘화

한글로 5개국어 물려준 엄마 이야기

"그 때 그 곳"

자녀를 키울 때 남편들은 대체로 아내의 수고를 잘 알지 못하는 것 같다. 나처럼 말이다.

그간 아내가 틈틈이 써온 글을 읽으면서, 모르고 또 잊고 살았던 기억들이 어제같이 떠올랐다. 그래서 반성하는 마음으로 그 때 그 장면을 그림으로 옮겨 보았다.

솜씨 때문인지 나이 때문인지 손이 떨려 그리 매끄럽지 못하다. 그러나 현장에 같이 있었던 자의 그림이기에 재미있게 웃음으로 봐주시리라 믿는다.

그린이 **남편 김종성**

Chapter

1

우물 안 개구리

어느 날 딸이 학교 갔다 왔는데 얼굴이 금방이라도 울 것 같은 표정이다. 엄마, 나도 공부 잘 할 수 있을까? 가슴이 철렁하다. 어느 날 아들이 학교에서 오더니 엄마 나 130점 맞았어! 큰소리를 친다. 130점을 어떻게? 받아쓰기 세 개 합해서! 가슴이 막막하다. 어떡하지? 남들은 영재니 천재니 하는데. 아는 엄마는 자기 애들이 장학금도 받아왔다 하는데 나만 우리 애들만 이 사회에서 소외계층 되는 것 아닌가? 엄청 불안하다. 정말 극도로 불안하다.

학원의 현실

　나는 아이들을 키울 때 좀 넉넉하지 못했다. 학원을 안 보내는 게 아니고 못 보내는 거였다. 우리 아이들의 성적은 학교에서 바닥을 치고 있었다. 우리 아이들을 어떻게 키우지? 솔직히 엄마로서 극도로, 정말 극도로 불안했다.

　우연히 학원 선생님 될 기회가 있었다. 성적을 많이 올려주는 학원이라 아이들이 참 많았다. 그런데 깜짝 놀랐다. 아이들 실력을 키워주는 게 아니고 시험 보는 기술을 가르쳐 주는 것이다. 어떨 땐 때려가면서. 성적? 당연히 오른다. 엄마들 무척 좋아한다. 아이들 스스로 공부 잘하는 줄 안다. 또 어떤 맞벌이 엄마들은 성적보다 귀찮아서 혼자서 집보다 학원이 나을 거야. 맡겨만 두고 관심조차 없다. 엄마들이 실력을 돈으로 사려고 하는구나. 이건 선생님 실력 쌓아주는 거지, 아이들의 실력 절대 안 쌓이겠구나.

　이건 아니다. 스스로 속고들 있는 거구나. 돈 들이고 시간 들여 공든 탑을 쌓고 있구나. 시간 들이고 돈 들여가면서 스스로 할 줄 아는 능력들을 빼앗기고 있구나. 이게 학원의 현실이구나. 참 경험 잘 했다!

그래서 결심했다!

한글로 5개국어 물려준 엄마 이야기

그래서 안 보내는 거다

　　　　　　　그래서 결심했다. 내 자녀를 학원 보내지 않기로. 이제는 못 보내는 게 아니라 안 보내는 거다. 근데 내가 어떻게 가르치지?

목소리가 올라가고 소리부터 치는데.

내 혈압이 먼저 올라가는데.

어느 날 딸이 학교 갔다 왔는데 얼굴이 금방이라도 울 것 같은 표정이다. 왜 그러냐고 물었다. 엄마, 나도 공부 잘 할 수 있을까? 그럼 잘 할 수 있지! 가슴이 철렁하다. 어느 날 아들이 학교에서 오더니 엄마, 나 130점 맞았어! 큰소리를 친다. 너무 자신만만하고 당당하다. 130점을 어떻게? 조심스럽게 물었더니 받아쓰기 세 개 합해서! 가슴이 막막하다.

어떡해야 하지? 남들은 영재니 천재니 하는데, 아는 엄마는 자기 애들이 장학금도 받아왔다 하는데, 나만 우리 애들만 이 사회에서 소외계층 되는 것 아닌가? 엄청 불안하다. 정말 극도로 불안하다.

　그래서 어느 날 조용하게 혼자 앉아서 긴시간 깊이 생각을 했다. 그리고 단단히 마음먹었다. 학원 안 보내기로!

　　　　　　　　　　　　　　　한글로 5개국어 물려준 엄마 이야기

성적 대신 영어

무엇을 어떻게 하지? 학원 안 보내기로 결심은 했는데. 이제는 학원 못 보내는 게 아니라 안 보내는 거다 라고 결심은 했는데. 그럼 이 아이들을 어느 대학을 목표로 해야 하나? 잠시도 앉아있기도 힘든 아들인데 앉게 만드는 것도 일인데. 우리 아들 초등 3학년인데 이제 간신히 구구단 하는데 가르친다고 정말 애먹었는데.

인 서울? 꿈도 못 꾸겠다. 나만큼 열심히 공부? 안 할 것 같다. 공부? 포기하자. 성적? 포기하자! 대학? 포기하자! 그렇다고 다 포기할 수 없잖아! 그럼 어떻게 하지? 그래. 스스로 책 사서 스스로 공부하는 것부터 가르치자! 어차피 학원 다니면 책 사라는 대로 다 사야 돼. 그럼 학원비에다 책값 만만치 않던데.

그래서 아이들에게 말했다. 서점에 가서 사고 싶은 책을 사렴. 공부에 필요하다고 생각되면 뭐든지 사도 돼. 그 대신 한 번에 한 권만 사야 돼. 산 책을 스스로 읽어봐. 그게 공부의 시작이야.

그리고 읽고 싶은 책은 도서관에서 빌려 봐, 아님 친구 집에서 빌려다 보던가. 사실 애들 책값도 나는 좀 버거울 정도였다. 남편 책값으로 줄줄이 나가는 돈 때문에. 또 남편 대학원비는 이미 다 빚이다. 또 애들 대학 보내기 위해 쏟아 부을 열정, 시간, 돈. 다 합하면 어마어마 할 텐데 그걸 대신 어디에다 돌리지?

좋아! 영어에다 투자하자. 번듯한 대학 나와서도 나처럼 실업자 되게 하느니 영어 하나라도 말 잘하게 가르칠 거야. 이렇게 단단히 결심했다.

그런데 나의 현실은…

한글로 5개국어 물려준 엄마 이야기

암담한 현실 한가운데서

그런데 영어를 어떻게 가르치지? 무슨 영어를 가르쳐야 하나? 이게 뭐야? 영어공부 절대하지 말라 하네. 대단하다! 당장 사보자! 공부하지 말고 듣기만 하라니! 너무 편하다. 그런데 이게 시작이다. 책꽂이에 책은 늘어가는 데 실력은 안 는다.

어느 날 남편 지인을 만나 식사를 같이 하면서 대화를 나누던 중 자기 아들을 미국으로 유학 보냈다고 한다. 그분의 아들도 우리 아들과 동갑이다. 나는 듣는 순간 너무 부러워서 조심스럽게 물어봤다. 그분도 조심스럽게 말한다.

나 돈이 얼마 들었어요?
지인 일 년에 한 칠천만원 정도 들어요.

내 생각에 최대한 줄여서 말한 것 같다. 그 대답을 듣는 순간 아

무 말도 안 나온다. 그냥 숨이 탁! 멈추는 듯하다. 도무지 내 경제 수준에 상상을 못 하겠다. 상대적인 이 빈곤감. 또 속상함에 집으로 돌아오는 차 안에서 남편과 한마디도 하지 않았다. 계속 밀려오는 열등감. 깊어져 가는 마이너스 통장. 따라가지 못하는 수입. 늘어만 가는 지출. 게다가 절대 바뀔 것 같지 않은 이 현실.

우리 아들은 오늘도 철부지다. 학교에서 전화가 왔다. 가슴이 철렁하다. 무슨 일이죠? 아들이 유리를 깼어요. 부랴부랴 학교로 달려갔다. 왜 깼어? 친구가 이 유리는 쳐도 안 깨진다고 해서 진짠지 주먹으로 쳐봤다고 한다. 며칠 전에는 자전거를 잃어버리

한글로 5개국어 물려준 엄마 이야기

더니, 오늘은 유리를 깨고 어쩜 이렇게 당당할까? 아무것도 모르는 철부지 이 아들을 나는 어떻게 해야 하지? 도대체 어찌해야 하나. 공부는커녕 5분도 앉아 있질 못 한다.

아들에게는 이 시골이 얼마나 좋겠는가? 앞산 뒷산 올라 갈 데 많고, 개울에 가서 송사리 개구리 잡고, 겨울에 눈이 많이 오면 미끄러져 놀 데도 천지고, 그야말로 온 동네가 아들의 사시사철 놀이터이다. 돈 있는 사람들은 일찌감치 미국으로 유학도 보내는데, 세상이 어떻게 돌아가는지도 전혀 모르고 천진난만하게 노는 아들을 보고 있자 하니 아들의 미래가 아들의 앞날이 암담하고 캄캄하다.

당장에 암울한 현실의 가장 한가운데에서 나는 여전히⋯

40에 찾아온 우울증

　　　　　　나는 여전히 오늘도 애들을 학교 보내기 위해 잠 깨우는 일부터 시작해서 한바탕 소동을 벌였다. 참 지독스럽게도 안 일어난다. 아침 준비하는 간간히 가서 깨우고 또 깨우고 간신히 깨웠는데 아직도 이불 속에서 꾸물거리는 모습에 또 내 복장이 터진다. 목소리는 점점 올라간다. 이렇게 간신히 학교 보내 놓으면 내 정신까지 멍해지는 느낌이다. 어제도 그랬듯이 오늘도 매일 새롭게 똑같은 소동을 늘 벌인다.

　요즘은 이런 내 생활에 지쳐간다. 다람쥐 쳇바퀴 돌 듯 늘 똑같은 일의 반복이다. 게다가 내 나이 사십 고개 넘으면서 완전한 아줌마로 자리 잡으면서 우울감이 갈수록 심해진다. 그래서인지 아이들에게 더 짜증을 내고 더 고함친다. 사실 남편이 고려대학원을 합격하면서 나는 다니던 대학원을 자퇴하고 일본어는 쳐다보기도 싫어졌다.

　그러다 심한 우울증에 사로잡혔다. 도대체 내 인생은 뭔가?

이대로 인생 살다가 가야 하는가? 두 아이의 엄마로서? 한 남편의 아내로서만? 내 이름을 들어 본지도 오래다. 아무도 내 이름을 불러주지 않는다. 난 이 땅에 왜 태어난 거지? 생각하면 생각할수록 어릴 적 상처만 깊어진다. 생각하고 싶지도 않은 어린 시절, 도망치고 싶은 이 현실, 아이들이나 우리에게나 그저 그런 막막한 미래. 그냥 이렇게 살다 가는 건가? 혹시 하나님이 날 이 땅에 보내 놓고 내 존재 자체를 까먹은 거 아냐? 이 넓은 지구에서 하필이면 이 작은 나라 그것도 반쪽으로 갈라진 나라에서 경상도 전라도가 서로 으르렁대는 이 적막한 시골 한 모퉁이에 나 몰라라 보내 놓고, 난 이렇게 흔적 없이 잠시 살다 가야하나? 또 이렇게 얼마나 더 살게 될 것인가?

애들이 내 품을 떠나면 나는 뭐지? 대학 나온 나도 이런데 우리 아이들은? 전교 꼴등 하는 우리 아들은? 이 치열한 경쟁 속에서 완전히 도태되는 거 아냐? 일말의 희망도 없는 느낌이다. 아이들이 떠난 한바탕 소동 뒤에 주어진 고요 속에서 이런 생각들에 난 맥없이 삼켜져 버렸다.

그러다가…

전교 꼴등 아들의
뻔한 미래

그래. 현실을 인정하자. 자존심 상하지만 인정하자. 대한민국 이 시골에서 우리 아들 전교 꼴등이다. 그래. 우리 아들 대한민국 꼴등이다 인정하자고! 그래. 우리 애들은 좋은 대학 들어가기 솔직히 말해서 아주 힘들다. 우리나라가 학교나 학원이나 0.2프로 상위권 아이들을 위한 나머지는 들러리라고 공공연히 말하던데.

그럼 우리 아들은? 상위권이 아니라 하위 0.2 프로인 거야 뭐야. 하위 20프로도 안 되는데 뭐 하러 이 치열한 경쟁을 해. 그래. 대학이야 가겠지. 우리나라에 넘쳐나는 게 대학이잖아. 하지만 어중간한 대학 나와 버리면 오히려 대학 신분에 갇혀버려 평생 열등감에 사로잡힐 텐데. 이건 아니다. 차라리 대학 포기하자. 또다시 마음먹었다. 그럼 뭘 해야 하지? 그 시간과 그 비용과 그 열심으로 대신에 뭘 해야 할까? 생각의 늪에 서서히 빠져드는데.

그러다가 발에 작은 돌 걸리듯이 또 영어의 돌에 생각이 걸렸

　　　　　　　　한글로 5개국어 물려준 엄마 이야기

다. 피해 갈 수 없는 이놈의 영어. 그래. 영어를 가르치자. 영어로 말 잘하게 해주는 거야. 이게 대학보다 인생의 선물이지 않을까? 사실 나도 그땐 대학에 내 인생 걸었잖아. 대학 나오면 다 되는 줄 알고 열심히 공부했잖아. 여자는 대학 잘 안 보내 주는 시대에 대학 붙으면 보내주겠고 떨어지면 남동생들 뒷바라지 하라는 아버지의 한마디 말에 정신이 바짝 나서… 난 여기서 대학 떨어지면 끝이야. 영어는 포기했으니까 수학이라도 잡자! 밤새워가면서 수학 풀고 암기과목 열심히 외워 남들이 말하는 인 서울 했잖아.

하. 그런데 졸업하는 그해 순위고사(지금의 임용고시)는 아예 없어져 버렸고, 세상에 선생님으로 오라는 데가 하나도 없다. 오히려 돈 들고 오란다. 그러면 선생님으로 써준다고. 사립학교들의 이 공공연한 비밀을 들으면서 나의 이 안 받쳐주는 서글픈 현실 때문에 대학 나와서 인생 처음으로 죽고 싶다는 생각도 해봤다.

그래서 다시 공부했다. 한국어와 어순이 같은 일본어를 독하게 공부해서 그걸로 취직했다. 일본어로 여기저기 경험 쌓고는 88올림픽 때 김포국제공항에서 일하게 되었다. 그런데 세상에. 고등학교 나온 직장 동료가 영어 일본어를 왜 이렇게 잘한데? 이화여대 나온 동료나 동국대 나온 나보다 먼저 스카웃돼서 회사에서 모셔와, 대학 나온 우리보다 월급도 많아. 그건 둘째 치고 영어로 말하는 모습이 왜 이렇게 멋있는 거야? 왜 이렇게 신기한 거야? 바로 그 생각에 머무른 것이다.

그래. 학력보다 영어 실력이다. 그래 우리 애들은 영어만큼은 말 좔~ 하게 해주자. 하고 결론을 내린 것이다. 이 하나의 결론을 위해 참 인생을 멀리도 돌아왔다. 하지만 어떻게 말 잘 하게 해주지? 요즘은 개천에서 용 안 나온 다는데. 돈 없으면 절대 영어 말 못 한다는데. 돈 많은 동네에 가면 방학 때 오히려 조용하다는데. 왜냐고? 다 외국으로 영어 배우러 나가서. 그들은 돈의 액수가 무슨 대수겠어? 또 한 번 깊은 좌절에 빠졌다.

그러다가 잠깐! 궁금해졌다. 영어 쓰는 미국의 가정은 어떨까? 미국 엄마들은 어떻게 살아갈까? 사람 사는 것 뭐 별거 있겠어? 그들도 사는 모습은 우리와 비슷하겠지. 하지만 그들은 영어 가르친다고 나같이 처절한 고민 안 해도 되니 얼마나 좋을까? 우리가 영어 배우는 그 시간에 미국 애들은 뭐할까? 와 너무 좋겠다. 세상에 얼마나 좋을까? 우리가 영어에 들이는 시간과 고민 아예 안 해도 되고 돈도 안 들어가고.

잠깐! 근데 이 지구상에 사는 우리 사람들이 나라마다 왜 다른 말을 쓰지? 살아 가는 모습은 거의 다 비슷한데. 참 이상하지? 딱 국경선 하나로 신기하게 말이 달라도 너무 다르잖아! 왜 다른 말을 쓰는 거지? 바벨탑. 바벨탑이다! 그때 이후로 달라졌

한글로 5개국어 물려준 엄마 이야기

지! 그 전에는 언어를 하나로 썼는데 누가 다르게 만들었지? 하나님이다. 범인은 하나님이다!

그래. 당장 가자. 따지러 가자!

	질병	사고	기타	질병	사고	기타	질병	사고	기타	질병	사고	기타	특 기 사 항
	3	0	0	0	0	0	0	0	0	0	0	0	감기

]체발달상황

Cm)	몸무게(Kg)	체력급수(급)	특 기 · 사 항
4.0	24.0		

]과학습발달상황

세 부 능 력 및 특 기 사 항

자신의 생각을 말로 표현하기는 잘 하나 맞춤법에 맞게 글자 쓰는 능력과 짧은 글짓기 능력이 부족함
수학과에 대한 이해 정도는 양호한 편이나 응용문제 계산 능력이 부족하고 계산 속도가 느림
교우관계가 원만하고 인사를 잘 하나 주변 정리 태도가 부족하고 학습 준비물을 챙겨오지 않는 경우기
동식물의 구분과 교통규칙에 대해 말할 수 있으나 사고력과 응용력이 부족하여 전반적인 이해가 느림
뛰뛰치며 노래부르기를 잘 하나 그리기와 만들기의 표현능력이 떨어지고 학습준비물도 잘 챙기지 못함

기초학력의 부족으로 학습에 흥미가 적으며 학습문제에 대한 이해력과 문제해결력이 학반에서 가장
떨어짐. 사고력과 집중력이 부족하고 과제 학습을 안해 오는 경우가 많음

아들이 초2때 받아온 실제성적표

나의 은밀한 고민

당장에 따지러 난 교회로 갔다. 내가 늘 앉는 맨 뒷자리에 앉았다. 그리고 기도를 한 것이다. 사실 좀 부끄러운 얘기지만 난 기도 응답을 전혀 들어본 적이 없었다. 하지만 난 누구보다도 더 기도 응답을 들어야 할 위치에 있는 사람이다. 아니. 듣는 척이라도 해야만 하는 사람이다. 왜냐면 난 목사님 딸이자 목사님 누나 그리고 목사님 부인이기 때문이다. 그렇기에 내가 이 세상에서 제일 가기 싫은 데가 교회이고, 사실 제일 되기 싫은 게 목사 부인이었다. 그래서 결혼하면 난 교회 문턱도 안 밟을 거야 하고 결심에 결심했었다.

그런데 20대 중반 무렵, 교회 밖에서 너무 말도 안 되는 곳에서 너무 뜻밖에 너무 특이하게 너무 선명하게 그 분을 진하게 만나고는 아이러니 하게도 교회에 더 깊숙이 들어와 앉아 있다. 하지만 난 다른 사람보다 간절함도 있지만 보여주기 위해서도 기도는 더 뜨겁게! 더 많이! 하고 있는데 기도응답은 한 번도 듣지

한글로 5개국어 물려준 엄마 이야기

못한 나의 이 은밀한 고민. 이 깊은 고민. 누구보다도 더 열심히 하나님 음성 듣는 척, 다른 누구보다도 거룩한 척, 연기는 참 잘 하고는 있는데 척! 척! 척! 하는 데도 한계가 있지.

그래서 이 은밀한 고민을 남편에게 솔직하게 털어놓았다. 나는 온갖 미사어구 다 섞어가며 멋들어지게 기도 잘 하는데, 늘 규칙적으로 그것도 굶어가면서 몸부림치며 간절히 기도하는데, 왜 난 하나님 음성을 못 듣는 거죠? 하나님 음성 듣기만 한다면 정말 더할 나위 없겠는데.

그랬더니 남편이 그럼 아무 말도 하지 마! 하고 쿨 하게 한마디 툭 던지더니 더 이상 아무 말도 안 한다. 엥? 아무 말도 하지 말라고? 아무 말도 안하고 가만히 있으면 그게 무슨 기도야? 이해가 안 가네. 하긴 지금까지 온갖 미사여구에 무수한 말로 기도해 왔잖아. 그러니까 한번 해보기라도 하자. 그래서 그 누구보다 갈급한 심정에 기도하러 가서 정말 아무 말도 안 했다. 한참동안을 조용하게.

그런데 입은 말을 안 하는데, 가슴 깊은 곳에서 내 영이 솔직하게 아무 가장 없이 말을 한다. 그랬더니 답을 한다. 그 분이! 너무 또렷하고 분명하게 진짜 말을 한다. 어머, 너무 신기하다. 이렇게 신기할 수가. 그래서 이번에도 조용하게 속으로 하지만 따지듯이 기도를 한 것이다.

너무 하세요. 미국가면 거지도 영어 하잖아요. 왜 우리나라는 돈 없으면 머리 나쁘면 영어 할 수 없는 거죠? 우리는 영어 잘 할 거라 아예 생각조차도 하지 말란 말인가요?

그럼 우리 애들은 뭐죠? 미래에 대한 꿈도 희망조차도 처음부터 꾸지 말란 말인가요? 그럼 우린 뭐예요? 평생 가난하게 살아야 하나요? 우리보다 더 힘들게 사는 애들은요? 정말 너무 하세요. 공평하시다면서요!

진짜 너무 속상해서 맘 속으로 속사포로 따졌다. 그랬더니 저 분이 응답을 주셨다. 아주 또렷한 목소리로. 확실한 응답을.

한글로 5개국어 물려준 엄마 이야기

한글로 써서 가르쳐라?

　　　　　　　　　한글로 써서 가르쳐라! 분명한 목소리로 말한다. 응? 이게 방금 뭐였지? 방금 들은 소리가 뭐였지? 한글로 써서 가르쳐라. 였지? 한글로 써서 가르치라고? 지금 분명히 내가 들은 소리가 한글로 써서 영어를 가르치라는 소린가? 잠깐만! 한글로 써서 영어를 가르치란 말이지? 내가? 도대체 어떻게 하라는 말이지? 응답을 들은 기쁨보다 혼란스러움에 갈피를 못 잡겠다. 선명한 목소리로 응답을 들었는데도 처음부터 의심만 하고 있다. 한참을 그대로 앉아 있다가 서재에서 책 읽고 있는 남편에게 갔다. 이것저것 이야기를 하다가 머뭇거리다가 그냥 지나가는 말로 슬쩍 물어봤다.

나　한글로 써서 영어가 될까요?
남편　한글? 쓸데없는 소리하지 마라!

조심스레 물었더니 남편이 한 마디로 무시한다. 마치 들어서는 안 될 말을 들은 것처럼 나무란다. 상상도 못한 대답에 당황했지만 그래도 다시 한번 낮고 차분한 목소리로 조심스럽게 물었다.

나 왜요…? 왜 영어 밑에 한글로 쓰면 안 돼요?
남편 학교 다닐 때 영어 밑에 한글 썼다가 선생님한테 얼마나 얻어터졌는데 무슨 영어 밑에 한글을 써!

왜 맞는지도 모르고 그냥 얻어 터졌단다. 너무 창피하고 부끄러웠단다. 나는 중2 때 진즉 영어 포기해서 한글로 쓸 생각조차 안 해봤는데. 또 한 번의 충격이 왔다. 왠지 말 잘못했다가 혼난 느낌이다. 그래서 아무렇지도 않은 듯이 나와서 거실로 왔다. 어떻게 해야 할지 모르는 막막함 속에 우주를 둥둥 떠다니듯 생각 속에서 정처 없이 떠다녔다. 도무지 생각이 정리가 안된다.

그러다가 영어에 관련된 나의 과거가 담긴 기억의 서랍장을 샅샅이 뒤져보았다. 난 아예 영어 밑에 한글로 써본 적이 없었는데. 중2때 영어 완전 포기했는데. 수학이 좋아서 수학만 잘 했는데. 이제 내 나이 벌써 40인데. 영어는 완전 깡통인데! 도대체 어떻게 영어를 한글로 써서 어떻게 영어를 가르치란 말이지? 어떻

한글로 5개국어 물려준 엄마 이야기

게 내가 가르칠 수 있다는 말이지? 수학도 아닌 영어를? 너무 혼란스럽다. 도대체 어떻게 해야 하나?

그러다가…

뭐라도 한번 해보자

영어의 해답이 '한글로 써서 가르쳐라'인데 막상 영어 깡통인 내가 시작하려니 도무지 엄두가 나질 않는다. 그러다 보니 두려움과 막막함 속에 생각만 정처없이 왔다 갔다 한다. 그냥 관둘까? 아니야! 누가 준 정답인데 시작도 안 해보고 포기할 순 없잖아. 그럼 다음부터 내가 무슨 기도를 한들 응답이나 받겠어? 생각만 하지 말고 그냥 뭐라도 한번 해보자. 이렇게 생각만 했는데도 희한하게 갑자기 안개가 걷히더니 현실로 돌아왔다.

종이 꺼내고 볼펜 꺼내고, 다시 사전 꺼내 들고 찾아가면서 뜻을 해석하고, 중2때 포기한 영어 실력인지라 또다시 포기하고 싶을 정도로 한계에 부딪친다. 내 실력이 이렇게 형편없었나? 이제는 영어 밑에다 소리 나는 대로 한글로 써보자. 일단은 내가 아는 대로 써보는 거야. 힘겹게 써 놓고 다시 읽어보니 소리가 너무 어색하다. 와 쉽지가 않네.

아니지. 내가 아는 소리를 적을 게 아니라 원어민 소리를 들

한글로 5개국어 물려준 엄마 이야기

고 들리는 그대로 적어보자. 그래서 원어민 소리를 틀어 놓고 들어봤다. 듣는데 오잉? 방금 뭐가 지나갔지? 갑자기 머리가 돌고 눈도 빙글빙글 돌아간다. 언제 끝났지? 왜 이렇게 빠르지? 들리긴 뭐가 들려? 하나도 안 들린다. 안 들리는 데 어떻게 받아 적지? 다시 시작해 보자. 수도 없이 반복해서 들으면서 겨우 한 줄 적어 놓고 또 한 줄을 또 한글로 쓰기까지 엄청난 반복에 반복을 거듭해야만 했다.

　세상에 누가 많이 들으면 영어가 된다고 했지? 되긴 뭐가 돼? 진짜 뭔 소린 지도 모르겠는데! 듣다가 세월 다 가겠구만. 빠르긴 또 왜 이렇게 빨라. 방금 바람이 지나갔나? 또다시 지각변동이 격하게 일어난다. 내가 아는 소리와 원어민이 내는 소리가 달라도 어쩜 이렇게 다르단 말인가! 도대체 왜 이런 소리가 나는 거지? 내가 읽는 소리와 원어민 소리가 왜 이렇게 다른 거냐고요! 이런 걸 좌절이라 하나? 절망이라 하나? 갑자기 가슴이 울컥해지더니. 그래, 내 주제에 무슨 영어야. 할 걸 해야지. 관두자 관둬! 아냐, 다시 차분히 다시 해보자. 그러기를 수도 없이 거듭하면서 며칠에 걸려서 드디어 한 장을 간신히 완성했다.

　일단 내가 한번 해보자. 그래서 한글로 영어를 천천히 또박또박 정확하게 읽어보았다. 마치 내가 한글도 모르는 여섯 살 아이가 된 느낌이었다. 내가 읽는 소리가 내 귀에 그대로 들리는데

웃음이 나온다. 왜 이렇게 웃기지? 너무 어색하고 영어가 아닌
것 같다. 다시 읽어보자. 또 읽어 보자. 이래서 열 번을 읽게 되었
다. 엇, 좀 느낌이 오는데? 그런데 입이 좀 아프다. 다시 또 열 번
을 읽어보았다. 어? 잘 되네? 된다 돼! 재밌다. 내 입으로 직접 해
보니까 의외로 재밌네!

　그런데 이것을 어떻게 우리 애들에게 가르치지? 딸은 그렇다
치고 우리 아들은 대책이 없는데 어떻게 내가 가르치지? 이제 겨
우 알파벳 몇 개 정도 읽기는 하는데. 생각만 하면 뭐해? 한번 해
보자고! 그래도 아들이 한글은 읽을 줄 알잖아. 그 대신 영어 밑
에 단어 뜻을 자세히 적어 놓자. 영어 뜻을 써 놓고 단어 뜻도 자
세히 적어 놓자. I 나는 내가, you 너는 당신이, am 이다, and 그
리고 와 과. 이렇게 자세하게 우리 아들에 맞춰 교재를 다시 만
들었다. 한참을 기다리고 기다려 어두컴컴 해질 때쯤 드디어 아
들이 집에 들어왔다. 아들이 한가해질 틈을 봐서 아주 부드럽게
그냥 아무것도 아닌 듯이 말했다.

나　아들아~ 일루 와봐~ 영어 좀 해보자.

아들 엄마~ 나 영어 못해~

나　알아~ 엄마가 그걸 왜 몰라!

　　　　　　　　　　　　한글로 5개국어 물려준 엄마 이야기

갑자기 습관처럼 소리가 꽉 올라가려 한다. 다시 가다듬고 낮은 목소리로 말했다.

한글은 읽을 줄 알잖아. 한글만 읽으면 돼.
엄마랑 같이 읽어보자. 내가 뜻을 읽어줄 테니까.
같이 두 번만 읽자. 그냥 한글만 봐.

하지만 아들 눈은 벌써 한글에 가 있다. 하긴 영어는 봐도 모르니까. 두 번을 다 읽고 나자 다시 두 번만 더 읽어보자. 이번엔 교대로 재밌게 읽어볼까? 이제는 바꿔서 읽어보자. 내가 뜻을 말해 줄게. 너는 한글로 영어를 말해 봐. 내가 영어로 말하면 네가 뜻을 말해볼래? 두 번만 더 읽고 그만 하자. 이렇게 어르고 달래가면서 열 번 정도를 소리 내서 같이 재밌게 읽어 보았다. 와, 우리 아들 나보다 더 잘 하네! 그런데 아니나 다를까 우리 아들은 얼마 안가 몸을 비비 꼰다. 5분도 가만히 앉아있기 힘든 아이인데 그래도 오래 앉아있었다. 또 입도 아프다. 그래 일단 쉬자.

내일 또 아들이 학교 갔다 오길 기다렸다가 붙잡고는 어제 읽은 것을 함께 다시 읽어보았다. 어라? 어제보다 더 잘 읽는다. 그래서 이번에는 다섯 번만 읽게 했다. 자기 전에 또 다섯 번. 다섯 번씩 아침 저녁으로 일주일 동안 계속 같은 것을 읽게 했더니 딸은 말할 것도 없고 아들도 정말 너무 잘 한다. 3일 지나니 둘 다 안 보고 영어를 좔~ 말한다. 스스로도 신기한가 보다.

　그런데 붙잡고 읽게 하는 게 쉬운 일이 아니다. 어떻게 하면 좀 더 읽게 할까? 연구를 좀 해보자. 아하! 화이트보드! 그래 거기에 써 놓자. 일단 써 놓고 매일 아침 저녁으로 같이 읽는 거야. 어차피 나도 읽어야 되니까. 이거 만들기 얼마나 힘들었는데. 화이트보드에 써 놓고 계속 같이 읽어보자. 좀 큼지막한 화이트보드를 하나 사와서 제일 위에다 일단 뜻을 썼다. 그 밑에다 영어

　　　　　　　　　　　　　한글로 5개국어 물려준 엄마 이야기

써 놓고, 영어 밑에 밑줄 긋고, 해당되는 단어 뜻 자세히 적고, 맨 밑에다 크게 한글로 영어 소리를 적었다.

아침에 두 번, 저녁에 세 번. 하루 다섯 번. 같은 걸 2주 정도 읽혔더니 애들이 해도 해도 너무 잘 한다. 처음에는 한 20분 정도 걸렸는데 갈수록 읽는 속도가 빨라지고 시간이 점점 줄더니 너무 빨리 끝나버린다! 그래서 화이트보드 하나를 더 샀다. 처음 것 위에다 달아 놓았다. 같은 시간에 두 개 교재를 하는 셈이다. 그리고 다른 교재 내용을 적었다. 이왕이면 다른 이야기를 하면 더 재미있을 것 같았다. 역시 내 예상이 적중했다. 그러다가 또 읽는 속도가 빨라져 작은 화이트보드 하나를 더 사서 거실에 걸어 놓았다. 또 다른 이야기를 적어 놓았다. 이게 엄마의 마음인가? 조금이라도 더 읽게 해서 조금이라도 더 잘하게 해주고 싶은 마음.

그런데 심각한 문제가 생겼다!

읽기만 해도 되네

와 정말 읽기만 해도 말이 되네. 바로 이거야! 날마다 똑같은 내용을 아침저녁으로 읽게 했더니 정말 해도 해도 너무 잘 한다. 발음도 너무 좋아지고, 입에 익은 건 가지고 논다. 나보다 애들이 훨씬 잘한다!

사실 이 과정 속에서 영어 가르치는 것보다 더 힘든 일이 있다! 그것은 바로 날마다 읽게 하는 것이다. 그게 너무 힘들었다. 날마다 영어 읽어. 영어 읽어. 매일 읽기 습관 잡아가는 과정 속에서 3개월 까지가 제일 힘들었다. 누가 힘들었겠는가? 바로 나다! 아침에 남들보다 20분 정도 일찍 일어나서 애들 밥 먹이고 학교 보내기 전에 세 번 읽혀야 하니까. 세 번 읽어야 하는 시간만큼 조금 더 일찍 일어난다는 게 늦게 잠드는 올빼미 형인 나로서는 정말 누구보다 힘들었다.

내가 마음을 딱 잡아야 애들에게 읽으라는 소리가 나오니까. 애들 학교 보내 놓고 그때부터 실컷 자면 되잖아. 지금 일어나 빨리! 오늘만 하자. 내일부터 안 할 거야! 나를 재촉하기도 하고 나를 위로하기도 하면서 그렇게 게으른 나를 내가 이겨냈다. 우리 엄마는 영어 읽기만 하면 내가 편하겠구나 라는 인식을 아주 확실히, 분명히, 엄격하게 우리 딸 아들에게 학습시켜 놓았다.

그 어렵다는 습관 들이기도 성공했는데! 더 심각한 문제가 생겼다. 내 생각에 내가 한순간에 무너져버린 것이다. 이 아무짝에도 쓸데없는 부정적인 생각. 서서히 불안감이 먹구름처럼 밀려온다. 특별한 방법이 없이 그냥 날마다 읽기만 하니까 정말 이렇게만 해도 될까? 날마다 이렇게 읽기만 해서 될까? 이런 생각들이 자꾸 주기적으로 밀려온다. 이 알 수 없는 막연한 불안함은 뭐지? 애들이 읽는 속도는 왜 이렇게 빠른 지 제대로 읽는 게 맞는 지 의심도 되고. 나는 좀 천천히 읽으라며 날마다 잔소리하고.

사실 난 한글로 영어를 가르치기 시작했을 때 교재 만드는 재미에 아주 푸욱 빠졌다. 계속 밤을 새워가면서 만들어도 힘들지가 않았다. 힘든데 힘들지가 않았다. 재미있으니까 힘들어도 힘들지가 않았다. 애들 학교 보내 놓고 하루 종일 일일이 손으로 써가며 사전 찾아가며 만들고 고치고, 만들고 고치고. 아무리 힘들어도 힘들지가 않았다. 그때 당시 지금처럼 편리한 컴퓨터가 있었더라면! 그런데 너무나 허무하게도 나를 한방에 쓰러뜨리는 이 생각. 그것은 바로 막연함 불안감.

정말 이렇게만 해도 되나? 이렇게만 해도 진짜 말이 될까? 학교 시험은 따라갈까? 한글만 읽는데 영어 읽기는 될까? 이러다가 말도 안 되고 시험도 안 되면?

학교 성적 내려놨다고 생각했는데 어느 새 붙잡고 있다. 이런 생각들이 갑자기 나를 멈추게 한다. 누가 한방도 때리지도 않았는데 그냥 맥없이 넘어진다. 갑자기 하기가 싫다. 그랬더니 안하게 되고, 오늘 하루는 넘어가게 되고, 읽는 게 시시해지고, 점

한글로 5개국어 물려준 엄마 이야기

점 안 하게 되더니, 나도 읽으라는 말도 안 한다. 그러니 애들도 좋다고 안 읽고 조용히 넘어간다. 갑자기 할 일이 없어졌다. 딱히 할 일도 없다. 심심하다. 이 외진 시골에서 갈 데도 없고 달리 할 일도 없다. 읽던 걸 안 읽으니 왜 이리 허전한지. 날마다 입으로 읽어서 습관이 되긴 됐나 보다.

안되겠다! 이러다가 죽도 밥도 안 되겠다. 내가 나를 어떻게 이겼는데. 이렇게 맥없이 질 수는 없지. 차라리 일을 만들어 버리자. 이래서 내가 감히 생각을 했다.

내가 감히 영어를 가르쳐?

마음 먹었다. 내가 감히 영어를 가르쳐 보기로. 그렇다. 나에게는 영어를 가르치는 것은 '감히' 라는 표현을 써도 된다. 왜? 못할 것 없잖아. 우리 애들이랑 먼저 해봐서 가르치는데 이제 두려움 없잖아. 발음도 이 정도면 좀 잡혔고 가르치면 책임감도 생길 테고, 내가 한 번 더 해도 더 할 테니까. 가르치면 내가 더 잘 하게 될 거야.

그렇게 다른 아이들도 가르쳐보자 마음 먹은 것이다. 가르치기로 결심은 참 잘 했는데 참나! 산 너머 또 산이다. 이 동네 와서 지금까지 내가 아는 엄마들이 과연 몇 명인가? 사실 내가 생각보다 낯을 가려서 낯선 데를 잘 안 간다. 그래서 애들 학교도 운동회 빼고는 한 번도 안 갔는데. 학부모 모임에도 가본 적도 없고. 그러니 아는 엄마들이 얼마나 되겠는가?

또 우리 애들은 공부 못하는 애들로 이미 마을에서 소문이 쫙 났다. 더욱이 아들은 그 시골에서 전교 꼴찌이지만 사교성이 좋

한글로 5개국어 물려준 엄마 이야기

아서 인사 하나는 진짜 잘 한다. 두 번이고 세 번이고 몇 번이건 간에 동네 어른들을 마주칠 때 마다 인사를 한다. 그런데 그 애가 꼴등을 한다. 도무지 도움되는 조건이 정말 하나도 없다.

사실 나는 일본어 잘 하는 사람으로 좀 알려져 있기는 했다. 그 동안 일본어를 어른들 상대로 좀 가르쳐 왔다. 그런데 내가 영어를 가르친다 하면 엥? 갑자기 무슨 영어를 가르쳐요? 하면 어쩌지? 무슨 영어예요? 물어보면 뭐라고 답하지?

무슨 영어예요? 어떻게 가르치는 영어죠?
영어 브랜드는 뭐예요?

이제 겨우 영어를 남보다 아주 조금 잘 읽는 정도라서 나도 내가 자신 없는데, 어느 누가 나를 믿어줄까? 스스로 양심에도 좀 걸리고 역사교육 전공한 내가 무슨 자격이 있다고. 안 되는 조건 밖에 없긴 하지만 이 부정적인 생각은 도무지 아무 도움이 안 되는 것 같다. 이렇게 생각만 하다가는 정말 생각으로만 끝나겠다 싶다. 에라 모르겠다 부딪혀보자. 일단 딸 친구 아들 친구 엄마부터 찾아가서 만나보는 거야. 친한 엄마부터 개인적으로 찾아 갔다.

있지, 내가 애들 영어를 가르쳐 줄게. 우리 애들이 하고 있는데 너무 쉽게 잘 해. 처음부터 영어를 말로 하는 건데 너무 쉽게 잘 따라 해. 꼴등 하는 우리 아들도 진짜 잘해!

참나 얘기할 게 이것밖에 없네. 속은 바싹 긴장해서 우리 아들 얘기를 꺼냈더니 얼굴이 어째 좀 이상하다. 말은 안 하는 데 표정이 읽혀진다. 속으로 하는 생각들이 얼굴에 다 드러난다. 지네 애나 잘 가르치지 참나. 이렇게 말하는 것 같다. 자격지심인가? 오히려 아들 얘기가 더 효과가 없다. 다시 집에 돌아와서 고민을 했다. 어떻게 말해야 먹힐까?

그래 방법을 바꾸자. 3개월만 해보자. 3개월 해서 안 되면 받은 돈 다 돌려주고 그만두면 되잖아? 이렇게 생각을 정리하고 다시 아는 엄마들을 만나러 나갔다.

있지~ 3개월만 좀 맡겨 봐. 3개월 해서 안 되면 받은 돈 다시 다 돌려 줄게.

그랬더니 제법 관심 있게 듣는다! 하지만 하나같이 다 이미 영어 학원 보내고 있다고 한다. 우리가 살던 시골 동네는 골짝 골짝마다 사는 애들이 참 많다. 그래서 학원들이 아침마다 의무

한글로 5개국어 물려준 엄마 이야기

적으로 자기 학원 다니는 아이들에게 통학차량을 운영해 준다. 그래서 엄마들은 어느 학원이든 하나는 다 보낸다. 차비 절약도 되고 학원도 보낸다는 계산이다. 거절하려니 미안해서 얼굴에는 상냥한 웃음으로 속을 감춘다. 입은 웃지만 눈빛은 다르다. 당연하지! 전교꼴등 아들 둔 엄마가 느닷없이 찾아와서 저런 얘기하면 낸들 믿어 주겠어?

　그래서 나는 처음에 아주 싸게 거의 공짜로 정말 책임감 조로만 시작해보았다. 그것도 다시 돌려줄 마음으로. 돈이 문제가 아니었다. 나도 이게 될지 안될지는 다른 아이들도 실험도 해봐야 하고, 또 내가 가르치면 더 많이 배울 것 같아서. 아는 엄마들 계속 찾아가서 몇 번을 말했더니, 그래도 정말 다행으로 몇 명의 엄마가 나에게 맡겨보겠다고 한다! 나를 믿어준 마음이 참 고맙고 감사해서 최선을 다해서 잘 가르쳐야 되겠다 싶었다.

이렇게 난 인생의 각본에도 없던 영어 공부방을 열어 영어 선생님을 하게 되었다. 너무 기대되고 설렌다.

그런데 뜻밖에!

넌 원어민 말을
어떻게 알아 들었어?

정말 설레고 흥분된다. 내가 영어를 가르치다니. 그것도 말로! 영어 한마디 시키면 얼굴부터 빨개졌던 나인데.

아이들은 일주일에 세 번, 화수목에 오라고 했다. 학교에서 아이들이 오는 대로 일대일 수업을 해줬다. 일일이 소리 내서 연극하듯이 했다. 한 명 한 명 정성을 다해서 열심히 재밌게 말로 해줬다. 방법은 우리 애들 처음에 한 것처럼. 열 번에서 열 두 번 정도 반복해서 같이 읽었다. 재밌게 같이 읽은 것이다. 이렇게 신기할 수가! 한 발짝만 앞서 나가면 나도 가르칠 수가 있네.

사실 난 고2때부터 교회에서 유치부 애들부터 가르치기 시작해서 평생을 교회에서 중고등부 교사는 물론 주일학교 여름성경학교 교사를 해왔다. 그래서인지 가르치는 것은 제법 경험이 있어서 아이들과 금방 친해지고 친구같이 대해준다.

그런데 뜻밖에 내가 예상했던 것보다 애들이 훨씬 잘 한다. 내

자식들보다 훨씬 더 잘 한다. 그럴 만도 하지 다른 애들은 5분이
뭐야? 3분도 앉아있기 힘든 우리 아들보다 더 똑똑하고 말도 더
잘 듣고 태도도 훨씬 좋잖아. 그러니 더 잘 할 수밖에. 어느 정도
지나니까 나한테 배운 애들 입에서 영어가 그냥 튀어나온다. 놀
다가 무심코 튀어나온다. 선생님~ 친구들이 듣고는 놀래요! 애
들이 자랑삼아 떠들어 댄다. 애들이 자신감이 넘쳐난다.

아이1 너 어디서 영어 배웠는데?

아이2 교회 사모님!

아이1 어떻게 배웠는데?

아이2 그냥 말로~

수업 시간에 원어민 선생님이 영어로 말한 게 그냥 뜻으로 들
려서 무심코 웃었더니 옆 짝꿍이 물었단다.

아이1 방금 선생님이 뭐라 했는데?

아이2 응~ 이렇게 말했잖아.

아이1 넌 어떻게 알아 들었어?

아이2 그냥 알았어~

한글로 5개국어 물려준 엄마 이야기

자랑삼아 신나게 말한다. 그러다가 공부방에 같이 따라와서 나랑 영어로 주고받고 하는 것을 보더니 또 놀래고 부러워하더니 결국 엄마 손잡고 배우러 온다. 그렇게 금방 15명이 넘었다!

그런데 처음 가르치다 보니 예상치 않은 문제들에 부딪혔다.

시끌벅적
북새통 영어학습법

　　　　　　　　　매일마다 설렌다. 사는 게 너무 재미있다. 내가 영어를 가르치는 자체가 너무 좋다. 또 아이들을 만나니 아이들이 쓰는 언어를 배우는데 그게 너무 재미있다. 내가 마치 초등학생이 된 것 같다. 오히려 가르치면서 스트레스가 풀린다! 밤을 새우면서 교재를 만들고, 애들 학교 보내 놓고 또 교재를 만든다. 아이들이 둘러 앉아 공부할 비싸지만 근사한 긴 책상도 새로 샀다. 내가 행복하니 아이들이 들어올 때마다 환하게 웃으면서 맞이한다. 섬세한 변화에도 관심을 기울여 주고 저 깊은 눈빛 속에 보일 듯 말 듯한 감정도 잡아내서 속도 알아주고 아이들 언어로 말을 바꾸어 놀면서 영어를 하니 너무 재밌고 너무 행복하다!

　근데 문제가 생겼다. 아이들이 점점 늘어난다. 그런데 늘어날수록 정신이 없다! 일대일로 수업을 해주니까, 나머지 애들은 순서가 돌아올 때까지 기다려야 한다. 그러나 애들은 절대로 얌전히 기다려주지 않는다. 난리 북새통이다! 시골에 사는 이 아이들

　　　　　　　　　　　　　　한글로 5개국어 물려준 엄마 이야기

은 온 동네가 놀이터다. 그리고 상상을 초월할 정도로 재밌게 논다. 이 북새통을 어찌해야 하나. 도무지 집중이 안된다. 나도 참 고지식하지. 아이마다 일대일로 수업을 해주니, 열 명이면 열 번씩 백 번을 소리 내서 하는 거다. 이 아이들을 잠 재우려면 어떻게 해야 하나?

그래. 노트 쓰기를 시키자. 그러면 앉아 있겠다! 그래서 노트 쓰기를 시켰다. 그간 열심히 읽어서 입에 익은 것을 보고 쓰게 했다. 어릴수록 적게 쓰게 하고 고학년은 좀 더 쓰고 같은 것을 삼일 내내 계속 쓰게 했다. 그랬더니 처음에는 어설프게 쓰다가 계속 반복해서 시키니까 이제 쓰기도 너무 잘 한다.

근데 이를 어쩌나? 금방 끝나잖아. 좀 오래 끌어야 하는데. 입으로 읽어 가면서 써버리네. 한 아이가 노트 쓰기 금방 끝내고 놀기 시작하면 쓰고 있는 아이도 놀고 싶어 조급해진다. 순식간에 조용한 분위기가 깨지고 나도 집중이 되질 않는다. 그럼 또 완전히 시끌벅적 북새통이 된다! 수업 끝나면 나도 완전 녹초가 되어 버린다. 그런데도 재미있고 행복하니 전혀 힘들지가 않네. 이 문제를 어떻게 해결해야 하나?

　그런데 이보다 더 심각한 문제가 생겼다… .

　　　　　　　　　　한글로 5개국어 물려준 엄마 이야기

내 자식이 제일 어려워

지금 생각해 보면, 내가 그 때 이 문제를 소홀히 보고 중요하게 생각 안하고, 그냥 세월 따라 시간 따라 살면서 피곤하다고 바쁘다는 핑계로 이 문제를 해결 안 했으면 지금 어떻게 됐을까? 이보다 더 중요한 문제는 없는데. 이보다 더 심각한 문제는 없는데. 그 때에는 막연했던 미래가 지금은 뚜렷해진 현재가 되어서 그때 과거를 보니 그런 느낌이 든다.

그건 뭘까? 바로 내 자녀들이다. 내 자녀가 제일 문제다. 내가 다른 집 아이들을 가르치면서 더 열심히 하는 만큼 우리 자녀들에게는 더 관심을 못 쏟는 것이다. 우리 아들은 내가 가르치는 그 틈을 타 오히려 더 친구들 하고 놀기 바쁘고 마냥 신났다. 우리 딸도 역시나 너무 조용히 소리 없이 눈에 안 띄게 지혜롭게 놀고 있다. 학교 갔다 언제 왔는지도 모를 정도다. 그런데 어느 날 아들 같은 반 친구는 영어 하러 왔는데 우리 아들은 안 온다.

나　왜 범석이는 안 와? 같이 수업 끝났을 거 아냐?

학생　나머지 공부하고 있어요.

나　헉! 그럼 여태 나머지 공부한다고 늦게 온 거였어?

　요즘은 내가 피곤하다고 우리 애들 영어 읽는 것도 소홀히 관리하고 처음만큼 관심을 안 가졌더니, 이제 날마다 학교에서 나머지 공부를 하고 있는 것이다. 사실 난 부모지만 솔직히 귀찮기도 했다. 날마다 씨름하는 것도 지쳐가고, 남의 집 애들은 돈 주고 배우러 와서 말도 잘 듣고 태도도 좋고 실력도 쑥쑥 느는데, 우리 애들은 도무지 말도 안 듣고 큰소리는 더 친다. 공부 머리는 안 돌아가도 요령 피우는 머리는 어쩜 그렇게 잘 돌아 가는지. 어휴 이걸 그냥! 정말 솔직한 심정은 내 자식 아니면 포기하고 싶다. 사실 거의 포기한 상태였고! 아침에 지각한다는 핑계로 대충 읽는데 나도 그냥 대충 넘어가고 있었다. 본능적으로 내 몸의 편안함에 그냥 끌려가고 있었다.

　이러다가 큰일 나겠다! 정신이 바짝 든다. 첫 번째 슬럼프를 잘 이겨냈더니 두 번째 슬럼프는 비교적 쉽게 이겨냈다. 안 되겠다. 다시 분발하자. 오늘만 힘든 거 참자. 오늘만 하자. 내일부터 쉬자! 오늘이 중요한 거야. 방향은 잡혔으니까 오늘만 생각하자. 오늘은 각도기의 1도 같은 거야. 아무것도 아닌 것 같은 오늘이

　　　　　　　한글로 5개국어 물려준 엄마 이야기

쌓이고 쌓이면 나중에 건널 수 없는 강이 될 거야. 아무리 힘들어도 다른 아이들은 몰라도 내 아이만큼은 포기하면 안되잖아? 이렇게 엄마의 이기적인 생각으로 다시 또 다시 재정비했다.

엄마 나 영어 안배우고 미국 안가면 안 돼?
왜 매일 영어 읽어야 돼?
엄마앙~ 내일 시험 봐야 돼서 영어 읽을 시간 없단 말이야~
이번에 성적 많이 올릴 테니까 오늘만~ 딱 오늘 하루만 쉴 게 응?
엄마 나 피곤하단 말야. 내일 오늘 것까지 다 읽을 게 응?

이제는 아빠를 자기편으로 끌어들인다. 오히려 애들이 나를 어르고 달래고 협박하고 지능적으로 별 연기를 다 한다. 그럼 난 단호하게 말한다.

그래? 그럼 학교 가지 마. 어차피 그럴 거면 학교도 필요 없어! 어차피 꼴등인데 내려갈 일 없잖아. 여기서 성적 올라가는 게 뭐가 그리 중요해. 영어 안 읽을 거면 밥도 먹지 마. 언젠가 엄마한테 눈물나게 고마워할 때가 올 거야. 그때까지 엄마 말 들을 건 들어!

아침 저녁으로 30분 정도 하루에 다섯 번 읽는 영어 읽기를 일상의 습관으로 만드는 일이 이렇게 힘들 줄이야.

그래도 이번에도 내가 이겼다!

한글로 5개국어 물려준 엄마 이야기

재미있게 단어 외우는 법

이 끊임없이 다가오는 문제들, 매일 같이 처리해야 하는 일들. 또 한 산을 넘었더니 넘어야 할 산이 또 있다. 아이들이 쓰기도 이제는 금방 끝내 버리고 여차하면 순식간에 시끌벅적 북새통이 되어 버린다. 어떻게 이 아이들을 더 오래 앉게 해서 더 오래 조용히 하게 할까 고민에 고민하던 중, 한 엄마가 상담 중에 질문을 한다.

학부모 여기는 단어를 어떻게 하나요?
나   단어요? (속으로) 그냥 문장으로 읽다 보면 단어는 다 되는데 따로 할 필요가 있나?

그래도 단어장을 만들어 보자. 단어를 재미있게 하도록 만들어 보자! 문장의 틀이 잡히니까 단어의 폭도 넓혀야 되겠던데. 나도 필요하다고 생각하던 차였는데 이 참에 한번 잘 만들어보

자. 결국 우리 애들 쓸 거니까! 근데 무슨 단어를 어떻게 만들지? 이왕이면 중학교 영어 교과서 단어들을 하면 더 낫지 않을까? 이왕이면 단어를 게임하듯이 하면 좋겠지? 그래서 답지와 학습지를 따로 만들고 답 없이 영어만 있는 단어 학습지를 먼저 몇 장 만들어 시범적으로 해봤다.

오, 애들이 의외로 재미있어 하네. 중학교 영어 단어인데. 초등학교 애들도 재밌게 잘 하네. 이미 입으로 익힌 단어들과 많이 겹쳐서 참 쉽게 잘 하네! 그런데 단어도 계속하니까 애들은 시큰둥하다. 한번 시작해서 반복이 되면 일상이 되고 처음에는 낯설다가 반복되면 습관이 되어버린다. 별로 의욕이 없다. 더 맞추려고 노력을 안 하네. 왜 그러지? 처음과 너무 다르네.

규칙을 정해서 벌금을 내라고 해볼까? 어제 맞은 개수에서 10개 이상 맞추기. 안 되면 벌금! 대신 20개 이상 맞추면 상금! 와, 애들이 너무 재밌어 하네? 역시 사람은 당근과 채찍이 함께 필요한 법. 벌금 액수도 같이 정했다. 그리고 벌금통도 만들었다. 공부방 안 오는 날은 숙제가 있는데 집에서 다섯 번씩 읽는 거다. 읽기 숙제 안 하면 벌금! 이렇게 벌금이 쌓여가네. 애들이 벌금 통에 벌금 쌓이는 것 보는 것도 재밌나 보다. 어느 새 제법 쌓였다! 그래서 거하게 피자 통닭 파티도 했다. 단어장 덕분에 북새통이 사라졌다.

선생님! 빨리 단어장 주세요! 나 어제 몇 개 맞췄어요?

한 아이가 단어 쓰다가 생각 안 나면 아 이게 뭔 뜻이더라? 골똘히 고민하는데, 옆에서 다른 친구가 무심코 가르쳐 줘도 벌금. 아 왜요!! 라고 반문하면 정확하게 틀리고 고민해서 알아내는 게 원칙이라 말해준다. 틀려야 내 것이 되니까.

오는 대로 다들 앉아서 노트 쓰기도 하고, 자기 단어장 쓴다고 바쁘다. 나도 단어장 만들고 싶어서 잠이 안 온다. 이렇게 단어장 만드는 재미에 푹 빠져버렸다. 아이들도 점점 늘어가고 하루하루가 정신없이 지나가지만, 마치 소리 없이 아이들의 실력이 눈처럼 소복소복 쌓이는 느낌이다. 어느새 한글로영어 공부방을 시작한지 2년 반이 훌쩍 지나갔다.

그러다가 기가 막힌 생각이 떠올랐다!

한글로 5개국어 물려준 엄마 이야기

중국어도 가르치자

영어를 한글로 적어서 읽기만 했는데 말을 이렇게 잘해? 그럼 중국어도 하면 되겠네! 중국어도 한자 밑에 한글로 적으면 되잖아. 그렇게 영어와 똑같이 소리 내서 말로 하면 되겠네. 만약 우리 애들이 영어와 중국어를 동시에 말을 좔~ 한다면? 와우, 기가 막힌다. 그럼 난 우리 애들에게 양 날개를 달아 줄 수 있겠네. 상상만 해도 날아갈 듯하다. 됐다. 방향 잡혔다. 고민할 시간도 없다. 시간이 중요하니까!

근데 중국어는 영어보다 더 깡통에 더 먹통! 완전 깜깜이인데 어떻게 하지? 누가 중국어 잘 하는 사람 없나? 아! 교회에 중국에서 시집온 조선족 사람 있었지? 잘은 모르지만 한번 만나보자. 그래서 찾아가서 만났다. 한국에 온 사연도 들어보고 중국에서 살 때 이야기도 들었다. 한국에 시집와서 참 힘들게 살고 있어서 마음이 짠 했다. 다행히 중국어를 표준어로 할 줄 안다. 사실 영어를 가르쳐보니 가르치는 사람이 영어를 잘하는 것보다 배우는 사람을 잘하도록 하는 게 더 중요하더라. 선생님이 얼마나 중국어를 잘 하는지는 상관없다. 이미 가르치는 방법을 내가 알고 있으니까 방법대로 하도록 하면 되는 것이다.

그래서 일방적으로 제안을 했다. 중국어 선생님 해보라고. 애들에게 선생님 소리 듣게 해 줄게. 또 애들 한 명에 10만원 받고 15명 정도면 지금 다니는 공장보다 훨씬 좋을 거야. 내가 책임질게! 장담했다. 내가 우리 애들은 물론 다른 애들도 많이 보내 줄게. 자꾸 찾아가서 재촉을 했다. 우리 애들 때문에 더 이상 시간을 지체할 수가 없다. 큰 딸은 이미 중학교 2학년이다. 시내로 고등학교 가면 기숙사 들어가야 하기 때문에 배우고 싶어도 못 배운다. 그래서 날마다 찾아가서 얘기하고, 도와주고, 컴퓨터 전원 키는 법, 워드 치는 법, 교재 만드는 법, 언니같이 알뜰살뜰 하나하나 다 가르쳐줬다. 아이들을 모아야 그 선생님이 공장 일을 그만두고 마음먹고 우리 아이들을 가르칠 테니까.

난 매일마다 또 엄마들을 찾아다녔다. 나에게 아이들을 맡긴 엄마들이다. 나를 믿고 맡겨준 게 고마워서 좋은 정보 준다는 마음으로 엄마들을 한 명 한 명 일대일로 만나러 다녔다. 중국어 가르쳐라! 언젠가 나에게 진짜 고마워할 때가 올 거야. 진심으로 설득을 했다. 며칠 몇 주를 그렇게 열심히 찾아다닌 결과 학생을 열 두 명 정도 모았다! 학생 모으는 게 그래도 처음보다는 쉬웠다.

중국어 선생님은 나에게 고마워서 우리 애들은 무료로 가르쳐 주겠다고 한다. 고맙지만 나는 돈 주겠다! 그 대신 더 많이 가르쳐 달라고 했다. 중국어도 한글로 발음 달아 읽히니 역시 어느 정도 지나 말할 것도 없이 너무 잘 한다. 아이들이 처음에는 발음이나 성조 때문에 어색해하고 힘들어 하더니, 이제는 중국어가 영어보다 더 재미있다고 한다. 아마 중국어가 발음도 세고 성조가 노래 같다 보니 그런 것 같다. 효과도 영어보다 더 빨리 눈에 보이는 것 같다.

엄마! 영어보다 중국어가 먼저 튀어나와!

나중에 알게 되었지만 학생들이 중국어 학원 가면 성조나 한자 때문에 너무 힘들어 일찍 나가 떨어진다고 한다. 영어 학원 가면 파닉스 하다가 질려버리고. 그런데 이렇게 재미있는 이야기를 갖고 중국어를 배우니, 한자가 아닌 한글로 토 달아 놓은 소리부터 배우니, 한글로 읽었는데 소리는 중국어로 나오니, 읽다 보면 성조 되고 읽다 보면 말이 되니, 아이들이 전혀 부담 없이 배우는 것 같다.

우리가 사는 동네는 외국인 근로자가 많이 산다. 전국에서 안산 다음으로 두 번째로 많이 산다. 중국인도 제법 많다.

엄마! 지나가다가 중국어가 들려서 중국어로 말 걸었어!

아이들이 자랑스럽게 말한다. 와! 하나님 너무 감사합니다. 우리 애들을 이 시골에서 영어 중국어를 동시에 할 수 있어서요. 정말 진짜 눈물이 날 정도로 감사합니다.

이렇게 영어와 중국어를 열심히 하던 어느 날 한 조선일보 기사를 보고 너무 행복했다. 남들이 안가는 길, 아무도 알아주지 않는 길을 간다는 게 너무나 외롭고 힘들지만, 누가 그 진가를 알아주면 이렇게 기분이 좋은 건가? 아무도 모르는 값진 보물을 나 혼자만 알고 있는 것 같은 기분이랄까?

그 기사는 바로…!

다문화가정
중국엄마

한글로 5개국어 물려준 엄마 이야기

세계 부자들이 가르치는 언어

아침마다 조간신문을 읽는다. 하루는 신문에 대문짝만 하게 사진과 함께 전면 기사가 나와서 안 읽을 수가 없었다. 그건 바로 짐 로저스 기사였다! 이 사람과 점심 한 끼를 먹어도 억! 소리 나게 돈을 줘야 먹을 수 있었고, 이미 어마어마한 주식부자로 알려져 있기에 한국에 오기 전부터 온 나라가 시끌벅적했다. 대략 100조의 재산을 가진 부자라니. 결혼을 몇 번하고 늦은 나이에 아기 딸이 있단다. 얼마나 예쁠까?

그에게는 딸에게 재산을 물려주는 것보다 더 큰 선물 주는 게 있단다. 와 그게 뭐지? 난 그 재산만이라도 좋겠구만. 그 어마어마한 재산보다 더 큰 선물이 뭘까? 너무 궁금해서 숨도 안 쉬고 읽어 내려갔다. 그건 바로 중국인 유모를 붙여주는 거다! 조건은 딱 하나. 딸에게 중국어로만 말하는 것. 모국어같이 중국어를 가르치기 위함이다.

엥? 왜 중국어지? 앞으로 중국어를 하지 않으면 안 되는 시기가 반드시 온다는 것이다. 생각을 해봤다. 왜일까? 아하! 그래야 물려준 재산도 지켜내고 불리겠네. 와 이 기분 좋은 느낌! 나는 이미 우리 애들에게 영어는 물론 중국어도 가르치고 있고 지금 아주 잘 하고 있는데!

잠깐! 돈 많은 사람들은 자녀들 미국으로 유학 보내면 영어는 잘하겠지. 하지만 중국어는 못할 거야. 그럼 중국으로 유학 보내면 중국어는 잘하겠지. 하지만 영어는 못할 거 아냐? 우리 애들은 미국 안 가고 중국 안 가고 집에서 영어 중국어 동시에 배우잖아. 세상에 그간 아낀 돈이 얼마야? 이게 안 먹어도 배부른 느낌이라는 건가? 가진 것 없어도 부자가 된 느낌이랄까? 아무도 몰라주다가 왠지 대단한 사람에게 처음으로 엄청나게 인정받은 느낌이었다.

한 3년 정도 시간이 흐르다 보니 이제는 모든 게 자리가 잡혔다. 나도 내가 더 잘하고 싶어서 거의 20명 정도까지는 일대일로 교육했는데, 아이들이 더 많아지자 그룹으로 나눠서 가르쳤다. 교재와 단어장 이것저것 계속 만들어 가면서, 또 아침저녁으로 우리 아이들 꾸준히 읽게 하는 게 힘들었지만, 그 과정마저 너무 재미있고 신났다.

그러다가 한번은 동네에서 공개적인 곳에서 통역을 할 기회가 생겼다. 한 1000명 정도 외국인 근로자들과 동네 주민들이 모이는 자리에서 내가 영어로 통역을 하게 된 것이다. 내가 영어로 통역을? 상상도 안 해봤는데 너무 떨린다. 그런데 무지 해보고 싶다. 잘 하든 못하든 해본다는 자체가 너무 설렌다. 미리 원고 받아서 준비를 철저히 했다. 그저 재밌고 즐겁고 신기하고 대견하기도 했다. 누가? 내가!

　근데 그 일 이후로 뜻밖의 일이 생겼다!

소문이 꼬리를 물고

처음으로 큰 무대에서 영어로 통역을 하고 나니 내 자신감은 급상승했다. 태어나서 이런 짜릿한 느낌 정말 처음이다. 내 노력으로 이루어 낸 듯한 이 뿌듯함과 성취감. 우리 애들이 당연히 잘 해야겠지만, 내 실력도 늘어가는 재미는 이루 말할 수 없이 기쁘다. 그런 도취감에 흠뻑 젖어 있는데, 어느 날 낯선 사람으로부터 전화가 왔다.

초등학교 선생님인데 교장 선생님 지시로 전화하는 거라고 방과 후 영어교사로 와줄 수 있냐고 묻는다. 그리고 여러 가지 조건과 시간을 말해준다. 네? 방과후 교사요? 얄딸딸하다. 다시 전화 드리겠다 하고 일단 끊었다. 좀 당황했나 보다. 통역 마치고 행사가 끝나자 사람들이 오더니 발음 좋다고 영어 잘한다고 하면서 여러분이 명함을 주고 가긴 했다. 얼떨결에 받아 놓긴 했지만 나와 뭔 관련이 있겠나 생각 했었다. 그냥 새로운 일에 도전했고 생각보다 아주 잘해냈다는 기쁨에 젖어 있었다. 그런데 뜻밖의 일이 생긴 것이다. 방과 후 교사로 와 달라는 것이다.

이때는 내가 가르치는 아이들이 영어를 제법 잘 해서 소문이 많이 나 있었다. 경주시에서 해마다 영어 말하기 대회를 개최하는데, 초등학교마다 영어 말 잘하는 아이들 1, 2등을 뽑아 경주 관내 44개 학교 대항 본선 대회에 내보낸다. 해마다 나에게 배운 애들이 출전했고, 본선 대회에서도 해마다 1등을 차지해 왔다. 지정과 자유 테스트는 물론 원어민 심사에서 묻는 말에 바로바로 대답도 잘해서 원어민도 놀랄 정도였다. 그 당시 난 작은 시골 동네 살았지만 소문도 꽤 나 있었고 가르치는 아이들도 제법 많았기에 다른 일을 쳐다볼 겨를조차 없는 상황이었다. 하지만 난 또 호기심이 발동했다.

방과 후 교사? 한 번 도전해 보고 싶다. 이제는 가르치는데 전문가 다 됐는데. 사범대 역사교육과 나와서 교생 실습 말고는 교단에 서서 가르쳐 본 경험이 한 번도 없었다. 초등학교에서 가르치는 느낌은 어떨까? 호기심이 생겨서 덥석 받아들였다! 나는 매주 월화수 주3일로 아이들을 가르치고 있었기 때문에 목금으로 일주일에 이틀만 학교에 나가기로 결정했다.

방과후 교사

신났다! 나는 아줌마로 끝날 줄 알았는데 한글로영어 만나서 내 인생에 이런 일도 생기다니. 정장 잘 차려 입고 출근하는 이 기분. 결혼식 이후로 평생 화장 한번 안 했는데. 살짝 다듬고 좀 깔끔하게 꾸미고 집 밖으로 일하러 나가는 그 자체만으로도 행복했다. 아이들은 역시 재미있어 한다. 어머나? 또 전화가 왔다. 이번에는 다른 초등학교에서도. 오잉? 이번엔 또 다른 초등학교에서도 오라고 하네. 이번에는 마을 도서관에서도 전화가 왔다. 와우 기분 너무 좋다!

그런데 어느 날 학교에서 아이들을 가르치는데 생각지도 않은 회의감이 밀려왔다. 사실 방과 후 교육은 강의비를 학교에서 주지만 아이들은 무료 교육이었다. 아이들은 그냥 선생님이 들으라 하니까 듣는 것이다. 갑자기 수업 중에 여러 명이 일어나서 나간다. 가방을 싸 들고 인사도 없이 휙 나가버린다. 깜짝 놀랐지만 왜 그럴까? 해서 물었다.

나　　너희 어디 가니?
학생들　학원 가야 돼요!

뭐라고? 학원 가야한다고? 지금 학교에서 영어 수업을 하는데. 아무리 방과 후 수업이지만 이건 아닌데. 학교 밖에서는 이

　　　　　　　　　　　한글로 5개국어 물려준 엄마 이야기

렇게 학교 끝나고 오는 아이들에게 돈을 제법 받고 가르치는데. 이걸 이 아이들은 공짜로 듣고 있는 건데. 이 가치도 모르고 수업 듣다가 나가네. 이건 아닌데. 왜 이러지?

그래서 또 깊이 생각을 해 보았다. 그래. 돈을 주고 가는 데는 낸 돈이 아까워서라도 마음을 담아 가겠구나. 돈을 많이 낼수록 마음도 많이 가겠네. 무료로 하니까 그 가치를 모르는구나. 교육의 질보다 돈의 가치구나. 교육의 질이 좋으면 돈을 많이 받아도 좋겠네.

학교가 있는 동네는 더 시골이다 보니 학생 수가 극히 적다. 그러다 보니 내 교실에는 2학년부터 6학년까지 다 와있다. 도무지 어디다 초점을 맞춰야 될지 모르겠다. 그런데 애들이 좀 익숙해지니까 교실에서 떠들고 돌아다니고 집중은 안되고. 그렇다고 항상 영어를 재미있게 게임 같이 할 수도 없는 거고, 집중시킨다고 큰소리를 내다보니 내 목은 점점 쉬어 가고, 내 몸은 지쳐가고.

안 되겠다. 이건 교육이 아니야. 그냥 학교 프로그램 중의 하나야. 학교 교육에 대한 환상이 다 깨져버렸다. 이건 아니다 하는 생각이 진심으로 들었다. 선생님들 참 고생이 많구나 싶다. 그래서 계약기간 끝나자마자 바로 그만뒀다. 그냥 좋은 경험했다 치자.

이런 와중에 하루는 남편이 오더니 또 대뜸 말도 안 되는 소리를 한다.

넓은 세상을 꿈꾸다

미국 속의 한국 학원 얘기를 들으니 양계장 닭이 떠오르면서 갑자기 소름이 끼친다. 지금 한국의 우리 아이들이 바로 그 양계장 닭과 같구나. 아이들은 날마다 가만 앉아서 듣기만 하면 된다… 하지만 더 이상 점수는 안 올라가고, 엄마들은 인내심을 잃어 가고, 희망과 현실은 갈수록 멀어지고, 마음만 조급해지고, 이렇게 점점 우리 아이들은 스스로 할 줄 아는 능력을 잃어가는 것이다.

미국 가족 배낭여행

어느 날 남편이 뜬금없이 말을 꺼낸다.

남편 이번 애들 여름방학 때 미국 여행 가자!
나 엥? 미국여행요? (엄청 놀람) 왜요? 뭐하러요?

애들에게 넓은 세상 보여주자. 미국이 어떤 나라인지도 좀 보여주고 이 좁은 시골에서만 자라서 시골만 아는 애들에게 여행도 하면서 넓은 세상도 좀 보여주자. 그럼 앞으로 왜 공부해야 하는지도 스스로 알겠지.

여행을 너무 좋아하는 남편은 가끔씩 내게 여행 가자고 제안을 한다. 그래서 딸이 5학년 아들이 2학년 때 배낭을 메고 중국 길림에서 북경을 지나 심천 그리고 마지막으로 홍콩까지 자유여행을 한 적이 있었다. 애들은 좀 어렸지만 참 신선하고 재미있었다. 그렇게 5년이 흘러서 남편이 또 제안한다. 설명을 하는데 귀에 하나도 안 들어온다. 왜냐면 머릿속에 온통 돈 생각뿐이다. 그래서 무조건 반대부터 했다.

나　말도 안 돼요! 돈이 어디 있어요!
남편　시간은 있잖아!

　우리 남편은 한마디씩 하는 게 너무 맞는 말만 한다. 그런데 내 속은 지각변동이 일어난다. 비용은 얼마 정도 드는데요? 숨 꼴깍 삼키고 물어봤더니 대충 1800만 원정도 든단다. 벌써 다 알아본 것 같다. 헉! 갑자기 숨이 탁! 막히고 멍- 해진다. 말도 안 돼. 적은 돈도 아니고 결혼 16년 만에 겨우 마이너스 통장이 플러스로 넘어가려고 하는데. 이제 숨통이 좀 트이려 하는데! 2주 갔다 와서 또 빚을 엄청 진다면, 와 생각만 해도 숨이 탁! 막힌다. 세상에 빚으로 여행가는 사람이 어디 있을까?
　그런데 가지 말자고 딱 잘라 말하기가 왠지 힘들다. 이상하게 미련이 남아서 또 혼자 조용히 앉아서 깊이 생각을 해 보았다. 맞아. 시간은 얼마든지 있지. 돈이 없어 문제지. 그런데 뭐 어차피 돈은 결혼할 때부터 없었잖아. 가냐 안 가냐 둘 중 하나인데. 안 가면? 고민할 이유가 전혀 없고! 간다면? 가볼까? 그래 가자! 그래 돈은 없어도 시간은 있어. 돈은 벌면 되지 뭐.

　　　　　　　　　　　　한글로 5개국어 물려준 엄마 이야기

한글로영어 공부방 해서 이제 능력 생겼잖아! 하지만 시간은 되돌릴 수 없잖아. 딸이 어느새 고1이고, 아들이 중1이다. 애들 더 커버리면 가고 싶어도 못 갈 거고 시간은 지금 뿐이네. 그래 가는 거야! 새로운 경험을 한번 해보는 거야. 돈 힘들게 모아서 재벌 되지 못할 바에 좀 멋지게 쓰는 것도 괜찮지 뭐. 누가 그랬던가? 돈은 모으는 것보다 잘 쓰는 게 중요한 거라고. 지금까지 잘 안 쓰고 모으기만 했더니 나를 위해 돈을 쓰는 법도 잊은

지 오래다. 한 번은 시장가서 진짜 맘에 드는 옷을 보았는데, 그다지 비싸지도 않은데 살까 말까 망설이다 너무 고민하다 기회를 놓친 적이 있었다. 나를 위해 만원 쓰는 것도 벌벌 떠는 내 자신이 참 불쌍했는데. 또 결정적으로 내 나이 60 넘어서 뒤돌아보았을 때, 에휴 그때 갈 걸 남는 건 추억인데 모아도 없어질 건 돈인데 하고 무지 후회할 것 같아서.

그래서 책 읽고 있는 남편에게 씩씩하게 가서 말을 빨리 내뱉었다. 맘 변하기 전에 우리 미국여행 가자고! 내가 이렇게 대담하고 무모하고 멋진 결정을 하다니. 결정하고 나니까 왜 이렇게 설레지? 오히려 여행 갈 날을 손꼽아 기다리고 있다. 그래서 우리는 이렇게 미국 여행을 가게 되었다.

서부는 가이드와 함께 단체로 유명하다는 관광지 다 둘러보고, 동부는 배낭 메고 우리 가족끼리 자유롭게 다녔다. 음식 사서 거리에 주저앉아 먹어 보기도 하고, 영화에 나오는 유명한 거리도 걸어 보기도 하고, 나이아가라 폭포는 캐나다에서 봐야 멋있다 해서 캐나다로 넘어가 나이아가라 폭포를 보는데 그 장엄함과 속 시원함에 흠뻑 빠져서 예정에 없던 1박을 더하게 되었다. 또 그 동안 배웠던 영어 실컷 써먹었다. 차례대로 돌아가면서 그간 배웠던 영어 막 써먹었다!

이번에는 딸~ 니가 가서 표 끊어 봐.

이번엔 아들~ 니가 주문해.

이번에는 내가 가서 음료수 사올게.

나도 놀랄 정도로 아이들 입에서 영어가 좔좔 튀어나왔다! 갔다 오니 평생 두고두고 힘들 때마다 떠올릴 행복한 멋진 경험들을 해서, 안 갔으면 정말 무지 후회했을 뻔했다.

그런데 미국에서 참 놀란 일이 있었다. 참 씁쓸하다고 할까?

미국 교민의 안타까운 현실

　　　　　　　　미국 워싱턴DC에 남편의 오래된 친한 친구가 살고 있었다. 워싱턴도 여행 일정에 넣었기에 방문했다. 그들은 자녀들이 초등학교 저학년 때 무작정 미국으로 간 것이다.

　타지에서 정말 아들 둘을 너무 훌륭하게 잘 키웠다. 둘 다 아주 유명한 고등학교를 다니면서 공부를 참 잘했다. 동양인이 회장 되는 것 자체가 힘든 그 최상위 명문 고등학교 필립스 아카데미에서 전교회장을 두 번이나 했다. 사실 공부만 잘해서는 절대로 회장이 될 수 없는 곳이 바로 미국이라고 한다. 다 지난 지금 결과부터 말하자면 큰아들은 하버드 대학을 합격해서 장학금 받고 다니고 있고 작은 아들도 역시나 스탠포드 대학을 장학생으로 합격했다.

　그러나 그들의 이민 생활은 상상을 초월할 정도로 힘들었다. 안 해본 일이 없을 정도다. 그들의 오랜 이민 생활 속에서 미국

　　　　　　　　　　한글로 5개국어 물려준 엄마 이야기

속 한국인들의 상황을 자세히 들었다. 어찌된 게 한국사람들 대부분이 수십 년을 살아도 영어를 못 한다고 한다. 그 말에 나는 정말 깜짝 놀랐다. 난 미국 가면 다 영어 잘하는 줄 알았는데.

물론 아이들은 영어를 잘 한다. 그런데 문제는 한국 아이들이 한국말을 못한다는 것이다. 그렇게 세월이 흘러 영어 못하는 부모와 한국말 못하는 아이들 간에 소통이 점점 더 힘들어지니, 서로 답답해져서 결국 대화가 단절된다는 것이다. 더 심각한 문제는 미국 사람들이 한국 사람들 흉을 본다는 것.

너는 한국 사람인데 왜 한국말을 못해? 너의 영어는 한국말을 잘해야 더 가치가 있는 거 아니야? 한국말 못하고 영어만 잘하는 한국인 고용할 바에 차라리 영어 잘하는 백인 쓰는 게 낫지.

그래서 한국 아이들이 어느정도 성장하면 정체성의 혼란이 심하게 온다고 한다. 나는 누구인가? 한국 사람인가? 미국 사람인가? 나는 도대체 누구인가 하면서 방황하다가 결국은 안 좋은 길로도 제법 빠진다고 한다.

그런데 이상하다. 미국에서 수십 년을 살았는데도 왜 한국 어른들은 영어를 못하는 걸까? 그리고 왜? 한국 부모들은 자녀들에게 한국말을 안 가르치는 걸까? 못 가르치는 걸까? 정말 이해를 못하겠다.

또한 한국 사람들의 교육 열정은 어디를 가나 뜨겁기로 유명해서, 한국 사람들이 많은 곳에는 좋은 학교가 있다는 것을 미국 사람들도 다 알 정도라 한다. 충격적인 것은 한국 엄마들이 좋은 학교를 보내기 위해 미국에서도 아이들을 입시학원에 보낸다는 것이다. 그래서 한국에 좋은 대학 나온 사람들이 미국으로 건너가서 입시학원을 많이 차리는데, 한국인들이 많은 곳에는 이런 학원들이 그렇게 많다는 것이다.

입시학원 특성상 당장에 성과가 눈에 보이겠지. 그렇게 대학 합격은 할지라도 그 실력이 오래 가지를 못한다는 것이다! 미국의 교육방식은 한국과는 너무나도 다르니까. 시켜서 하는 아이들이 스스로 하는 아이들을 어떻게 이길 수 있을까? 한 주제로 깊은 토론도 할 줄 알고 스스로 일정관리 하면서 자원봉사 하고 기부도 하는 아이들을. 그것도 다 알아서 스스로 하는 아이들을. 일일이 다 시켜야만 하는 우리나라 아이들이, 학원 다니며 공부만 하는 우리 아이들이 어떻게 그들을 이겨낼 수 있을까? 왜 한국 엄마들은 인스턴트 컵라면 같은 성과를 바라는 걸까? 참 재밌는 것은 자기주도 학습이 유행하니까 자기주도 학습을 위한 학원도 생기더라.

그 때 절실하게 느꼈다! 사람의 습관적인 생각이 참 무섭다는

한글로 5개국어 물려준 엄마 이야기

것을. 장소가 중요한 게 아니구나. 미국까지 가서 이런 얘기들을 들으니 참 씁쓸해져서 입만 다셨다. 영어가 도대체 뭐라고! 거기까지 가서 이 고생을 시킬까.

그때 갑자기 충격적인 일이 생각났다!

나는 한국인인가, 미국인인가?

양계장 닭 인생

                  우리 교회는 해마다 5월이면 야유
회를 간다. 가면 청년들이 게임을 얼마나 재밌게 준비를 해오는
지! 연령대에 맞게 게임도 다양하게 준비해 온다. 그래서 항상 기
대가 된다.

한번은 60세 이상 어른들을 위한 게임을 했다. 게임 이름은
〈잡으면 내 닭〉이었다. 말 그대로 운동장 한가운데 닭을 몇 마
리 놓고 할아버지 할머니들이 달려가서 잡으면 바로 내 것이
되는 게임이었다.

닭들은 뭔 일인지도 모르고 놓여 있고, 할아버지 할머니들
의 눈은 오로지 내가 잡을 닭에만 꽂혀 있고, 뛰어갈 준비를 단
단히 하면서 호루라기 신호만 기다리고 있다. 삑-! 호루라기
가 드디어 울렸다. 할머니 할아버지들은 일제히 쏜살같이 뛰어
간다. 지켜보는 우리들도 어떤 일이 일어날지 상상하면서 기대
하면서 게임을 지켜보고 있었다. 닭들은 안 잡히려고 날아가겠

한글로 5개국어 물려준 엄마 이야기

지. 할아버지 할머니들은 뒤쫓아 갈 것이고. 넘어지고 자빠지고. 와 재미겠다!

엥? 그런데 이게 웬일인가? 닭들이 그냥 그 자리에 펄썩 주저 앉아버린다! 한 발짝도 안 움직인다. 심지어 도망가라고 휘이! 휘이! 쫓는데도 그 자리에서 꼼짝 안 한다. 쉽게 잡고 그렇게 싱 겁게 끝나버렸다. 뭐야? 너무 싱겁잖아! 왜 닭들이 안 도망가지? 이상하네. 서로들 예상 밖의 결과에 의아해하기는 했지만 다음 순서 때문에 그냥 그렇게 지나가버렸다. 나는 궁금해서 참을 수 가 없었다. 그래서 직접 가서 준비해 온 청년들에게 물었다.

나 아니 왜 닭들이 도망을 안 간 거죠?
청년 글쎄요. 아마 양계장 닭이라 그런 가 봐요.

이런. 그래서 그랬구나. 그때 난 정체모를 느낌에 갑자기 소름 이 끼쳤다! 이 느낌은 도대체 뭐지? 양계장? 계란을 많이 살 일 이 있어서 지인들과 여러 번 동네 양계장을 가본 적 있었다. 갈 때마다 참 신기했다. 어마어마한 수의 통통한 닭들이 비좁은 철 조망 사각구조에 갇혀서 오로지 앉았다 섰다만 반복하며 정해진 시간에 규칙적으로 주는 모이를 먹는다. 양계장 닭들이 하는 일 이란 그저 알만 낳는 것이다. 아무 걱정도 없이 생각도 없이 알만 낳으면 되는 것이다. 오히려 그 외의 돌발적인 행동은 빨리 잡아 먹히는 결과를 부른다.

그 때는 그 광경을 보고 양계장 닭 인생도 참 답답하겠다 불쌍하구나 라는 생각으로만 끝났다. 그런데 미국 여행까지 와서 미국 속의 한국 학원 얘기를 들으니, 양계장 닭이 떠오르면서 갑자기 소름이 끼친다. 지금 한국의 우리 아이들이 바로 그 양계장 닭과 같구나. 아이들은 날마다 가만 앉아서 듣기만 하면 된다. 학교나 학원이나 심지어 교회도! 학원에다 돈 주고 엄마들은 고자세로 갑질을 한다. 빠른 시일 내에 성적만 올려 달라 요구한다. 어떤 방법으로든 성적만 올리면 된다. 성적 오르면 애들 공부 정말 잘하는 줄로 오해한다. 그러니까 학원들은 시험 보는 기술을 가르쳐 준다. 마음이 급하다 빨리 점수 올려줘야 하니까. 이러다 명문대 합격하면 대박인 거다. 현수막 화려하게 내걸린다. 미국에 와서도 그런다.

하지만 더 이상 점수는 안 올라가고, 엄마들은 인내심을 잃어가고, 희망과 현실은 갈수록 멀어지고, 마음만 조급해지고, 아이들은 학원 철새가 된다. 물론 다 그런 건 아니겠지만. 이렇게 점점 우리 아이들은 스스로 할 줄 아는 능력을 잃어가는 것이다. 생각도 스스로 하면 안 된다. 진정 소름이 돋는다. 미국여행 잘 갔다 왔다. 많은 것을 보고 배우고 실컷 즐기고 왔다.

한글로 5개국어 물려준 엄마 이야기

여독을 풀고 다시 일상으로 돌아왔다. 하루는 딸이 주말에 기숙사에서 나와 집에 와서는 자못 심각하게 나를 부른다.

문법이 이렇게 쉬울 수가

경주는 평준화가 안돼서 아이들이 성적대로 고등학교에 진학한다. 경주의 온 엄마들이 딸은 경주여자고등학교, 아들은 경주고등학교에 보내려고 난리다. 그 적극성이 대학 보내는 것보다 훨씬 더 치열하다. 좋은 고등학교를 가야 대학도 더 좋은데 갈 수 있다고 생각하는 것이다.

딸은 공부를 제법 잘해서 경주여고에 들어갔다. 그런데 우리가 사는 곳이 워낙 시골이라 기숙사에 들어가야 한다. 주중에는 기숙사에 있다가 주말마다 집에 온다. 한번은 오더니 딸이 심각하게 묻는다.

엄마, 문법이 뭐야?

우리 애들은 오직 영어만 줄기차게 읽기만 했으니 당연히 문법이 뭔지 모르는 게 당연하다. 읽기 외에 더 시켰다면 상금으로

모래위에세운집

돈 만 원씩 주면서 입에 익은 것을 컴퓨터로 워드치기 시킨 것뿐
인데. 결국 고등학교 가서 문법에 부딪힌 것이다. 사실 학교에서
는 오로지 문법만 시키니까.

　드디어 올 것이 왔구나 싶었다. 하지만 난 이미 문법에 대한
대책을 가지고 있었다. 벌써부터 엄마들이 상담 중에 항상 필수
적으로 물었기 때문이다. 그래서 나도 이걸 어떻게 해결할지 그
간 심각하게 고민했었다. 중고등학교 6년 내내 배웠던 그 징글
징글한 문법, 해도 해도 알 수 없는 문법, 쳐다보기도 싫은 문법,
이제 더 이상 도망갈 데도 없다. 정면승부 해야 한다.

　고민만 하면 뭐 하나 싶어 하루는 날 잡고 대구에 있는 교보문

고에 갔다. 영어 교재 있는 코너로 찾아갔다. 왠지 전쟁터에 나가는 맘 같았다. 우와 무슨 영어 문법책이 이렇게도 많아? 뭘 고르지? 뭐가 좋은 거지? 너무 많아 정신도 없네. 안 되겠다 싶어서 문법책들을 출판사별로 하나 하나 끄집어내서 한쪽 구석에 쌓아 놓고 퍼질러 앉았다. 목차부터 시작해서 구성에 내용까지 꼼꼼히 비교해가면서 좁혀갔다. 드디어 하나가 최종결선에서 우승했다! 됐다. 이거다. 너무 기뻤다. 한꺼번에 많이 사가지고 왔다.

그래서 또! 한글로 영어 처음에 가르칠 때처럼 문법도 일대일로 아이들을 가르치기로 맘 먹었다. 일 년 이상 내게 배운 아이들 중에서 원하는 아이들만 따로 가르쳤다. 화수목 말하는 영어, 월금토 일대일 문법 영어. 따로 시간을 배정해 여유 있게 했다. 또 다시 가르치는 재미에 푹 빠졌다. 문법을 일대일로 세명 정도만 해보시라. 어떻게 될까? 내가 제일 잘하게 된다. 그런데 문법이 이렇게 쉬울 수가! 그간 영어를 말로 공부해왔더니 문법이 너무 쉽게 이해가 된다. 오히려 용어 자체가 더 어렵지. 배우는 애들이 일제히 말한다.

선생님~ 문법이 이렇게 쉽고 재밌는 거예요?

나도 너무 재밌다! 말이 되면 문법이 이렇게 쉬운 거였구나.

말도 모르고 문법부터 공부했을 땐 해도 해도 어려운 게 문법이 었는데.

결국 고등학생 딸에게 내가 최종 선택한 그 문법책을 건네 주고 천천히 읽으면서 풀어보라고 했다. 그걸로 문법은 알아서 공부하라 했다. 이렇게 속 시원하게 해결해줬다. 이래서 우리 딸은 고등학교 문법은 금방 따라잡고, 학교에서 영어 잘하는 심지어 중국어도 잘하는 아이로 소문이 나게 되었다.

그런데 말입니다. 사춘기에 접어든 우리 아들에게 또 문제가 생겼지 말입니다…

아들의 사춘기

사춘기 되면 말 안 듣고 반항하는 게 무슨 의무인가? 참나 원! 누나가 있을 때는 같이 경쟁하듯이 영어도 잘 읽었는데 누나가 기숙사 가버리자 혼자 읽으려니 재미가 없는지 자꾸 안 읽으려고 지능적으로 둘러댄다. 무슨 얘기만 하면 대들고 반항한다! 초등학교 때와는 완전 느낌이 다르다. 요즘은 중국어 선생님한테서 자주 전화가 온다. 오늘도 범석이가 안 왔다고! 이제는 오히려 내가 애가 타서 중국어 선생님한테 매일같이 확인 전화를 한다. 범석이 왔냐고.

지난 이야기지만 한참 핸드폰이 학생들 사이에 급속도로 퍼지기 시작할 무렵에 딸이 폰 사달라고 날마다 집요하게 끈질기게 졸라 댔다. 안 돼! 너가 핸드폰이 왜 필요한데! 절대 안 돼! 그러다 내가 기분 좋아지면 또 와서 살살 졸라 댄다. 이렇게 일년을 싸웠다. 결국은 내가 이겼고 수능 전까지 폰을 사주지 않았다. 그걸 옆에서 지켜본 아들은 핸드폰 사달라는 소리는 아예 꺼

내지도 않아서 참 좋았다. 딸은 참 지혜롭게 안 보이는 데서 조용히 사춘기의 문제를 맘 놓고 일으켰다면, 아들은 대놓고 문제를 일으킨다!

더 심각한 문제가 있었다. 아들이 컴퓨터 게임에 완전히 푸욱 빠진 것이다. 초등학교 때는 그래도 가방 던져 놓으려 집에 한번이라도 들리긴 했는데, 중학생 되니까 아예 집에 들르지도 않는다. 같이 몰려다니는 친구들은 또 왜 이렇게 많은지. 집에 있는 컴퓨터가 드디어 고장이 났다. 그간 아들이 밤마다 몰래 게임을 너무 해서 차라리 잘됐다 싶었다. 고쳐주지 않았더니 이제 아예 동네 PC방 단골이 되어 버렸다.

하루는 아들이 또 너무 집에 안 와서 동네 PC방을 다 찾아다 녔다. 드디어 찾았다. 그것도 집에서 제일 가까운 PC방에서! PC 방 제일 안쪽 구석에서 아예 친구 여섯 명 정도가 한 방을 차지 하고는 열심히 게임을 하고 있다. 얼마나 재미있는지 컴퓨터 안 으로 들어갈 것 같다. 나는 너무 기가 막혀서 할 말을 잃고 그냥 조용히 지켜보고 있었다. 느낌이 좀 이상했는지 친구들이 한 명 씩 한 명씩 뒤돌아보더니 이런! 바로 범석이 엄마인 걸 알고는 동작을 멈추는데, 분위기 파악도 못하고 뒤 한번 안 돌아보고 끝 까지 게임하는 아이는 바로 우리 아들이다. 결국 한 아이가 팔꿈 치로 툭 건드리니까 그제야 돌아보더니, 참나 원 이제는 엄마를 무서워하지도 않는다!

그런데 이런 일이 한번이면 얼마나 좋으랴. 아, 이놈의 아들을 내가 어떡해야 하나 정말? 게임에 푹 빠져서 뭐가 중요한지 조차 도 모른다. 몇 날 며칠을 심각하게 고민을 했다. 어쩌란 말인가? 내가 엄마인데. 이 아들을 어떻게 하면 영어와 중국어를 꾸준히 읽게 할까?

그러다가 좋은 생각이 났다!

한글로 5개국어 물려준 엄마 이야기

아들을 영어교사로

　　　　　그래, 아이들을 가르치게 하자! 그 많은 아이들 이제 혼자서 가르치기에 힘도 달리고 버거운 참이었다. 아들이 애들을 가르치게 되면 읽기 싫어도 안 읽을 수 없을 것이다. 그럼 자연스럽게 가르치는 횟수만큼 더 많이 읽게 될 것이고, 영어 읽는 소리도 더 많이 들을 것이고! 이게 바로 일석이조네. 그래, 바로 이거야! 그래서 아들과 얘기할 틈을 보고 있었다. 어느 날 저녁 아들과 자연스럽게 대면했다.

　아들~ 네가 애들 영어 한번 가르쳐 볼래? 네가 가르치는 애들 회
　비는 너 줄게. 네 통장에 다 넣어 줄게!

　아들이 바로 반응을 보인다. 사실 난 아빠와 상의해서 그간 애들 용돈을 좀 인색하게 주었다. 우리 애들은 그게 늘 불만이었다. 중학교 들어가면서 쓸게 많아진 아들도 늘 용돈 좀 더 올려

달라고 했다. 그런 아들에게 파격적으로 구체적인 제안을 한 것이다. 몇 명 가르치면 얼마를 줄 게 했더니 처음부터 눈이 휘둥그래진다. 진짜냐고 되묻는다.

물론이지. 약속해. 네 이름으로 통장 만들어서 제 날짜에 꼬박꼬박 넣어 줄게.

반응이 완전 초 긍정이다. 이제 됐다.

그럼 내일 은행가서 통장 만들자! 대신 애들은 일주일에 3일만 가르치면 돼. 학교 끝나면 바로 중국어 학원 갔다가 집에 와서 영어 가르치면 되는 거야.

이리하여 아들이 영어 선생님이 되었다. 가르치는 게 아니고 시키면 되니까. 배운 대로 가르치면 되니까! 그런데 이게 웬일인가? 애들이 내 말보다 아들 말을 더 잘 듣는다. 태도도 아들 앞에서 더 공손하다. 선생님보다 더 무서운 게 뭔지 아세요? 그건 바로 학교 선배님입니다. 그렇게 난 아들을 가르치면서 배우는 선생님으로 만들어줬다.

일부러 일대일로 가르치게 했다. 그리고 지금까지 배우지 않았던 완전 새로운 교재들로 가르치게 했다. 아들은 이미 영어를 꽤 해왔고 제법 잘했기에 가르치는 것은 새로운 것이라도 쉬웠다. 단지 더 많은 분야를 접하게 하기 위한 나의 전략이었다. 그리고 아이들을 가르칠 때 반드시 지켜야 할 사항을 가르쳐 주었다.

아니나 다를까 배우는 아이들보다 가르치는 아들이 훨씬 더 잘 한다. 배우는 애들도 의외로 재밌어 한다! 수고비도 약속 날짜에 꼬박꼬박 어김없이 넣어주었다. 기분이 좋은가 보다. 통장 보는 재미도 쏠쏠한가 보다. 책임감도 생겨서 시간 맞춰 집에 도착하고 제법 성실하게 잘 한다.

그런 아들이 하루는 와서 엄마를 또 급하게 찾는다.

공부에 재미 붙은 아들

어느 날 아들이 학교 갔다가 집에 오면서 큰 소리로 엄마! 엄마! 부르며 급히 들어온다. 웬일인가 의아해하는 나에게 묻는다.

엄마! 왜 나는 수학을 안 가르쳐 줘?

아니 이게 지금 무슨 소리지? 지금 우리 아들이 수학공부 하겠다고 큰소리를 치는 거 맞나? 순간 내 귀를 의심했다. (속으로) 기가 막혀. 지가 안 했으면서! 하지만 난 너무 반가웠다. 얼마나 기다려 왔던가. 이 말이 아들 입에서 나올 때까지!

내심 너무 기뻤지만 속을 꾹 감췄다. 아들 성격을 너무나 잘 알기에. 이제는 뭐든지 시작이 중요한 게 아니다. 믿을지 모르겠지만 아들이 초등학교 3학년 때 구구단 가르친 이후로는 수학은 아예 신경도 안 썼다. 아무래도 구구단은 수학의 가장 기초라서 아빠가 책임지고 가르쳤다. 언젠가 수학에 재미 붙여야 할 때가 오면, 구구단은 당연히 준비가 되어 있어야 하니까.

　하지만 난 이번만큼은 확실히 아들의 다짐을 받으리라 결심했다. 너 다니다가 또 안 다닐 건데 뭐 하러 배워? 아예 처음부터 안 배우는 게 나아. 피아노도 다니다 말고 태권도도 다니다 말고 돈만 아까워. 돈도 없고, 내가 너를 어떻게 믿어? 그냥 놀아! 하고 단호하게 거절했다. 그랬더니 잘 다니겠다고 열심히 하겠다고 한 번만 믿어 달라고 사정한다. 그럼 중간에 포기하면 어쩔 건데? 지난번에도 이렇게 다짐하고 학원 갔는데 중간에 다니다 말았잖아! 내가 어떻게 너를 믿어! 이번에는 절대로 다시는 그럴 일 없을 거라고 한다. 한 번만 더 다니다 그만두면 학교도 끊어버릴 거야. 아들은 나의 행동력과 단호함을 잘 안다. 수년간 누나와 폰 사달라고 싸워서 폰 안 사준 경력을 알기에, 영어 안 읽어서 정말 학교 못 갔던 기억이 있기에, 또 아들은 학교를 가야만 그 좋아하는 친구를 만나니까. 이렇게 단단히 엄포를 놓아 약속을 받아내고는 수학 학원을 보내주겠다고 했다.

　그제서야 학원을 알아보러 다녔다. 동네 수학학원을 모조리 다 찾아가 봤다. 사실 난 학교 다닐 때 제일 잘한 게 수학이었다. 영어는 아예 접어 뒀고, 수학이라도 잘 해야 인정받고 점수도 잘 받아 대학이라도 갈 것 같았다. 어떨 때는 수학 한 문제를 풀려고 이 책 저 책 뒤져가며 밤새운 적도 참 많았다. 그래서 수학 잘 하는 방법을 스스로 터득하고 있었다! 여러 수학 학원을 방문해서 여기는 어떤 방법으로 가르치는지 좀 까다로울 정도로 꼬치꼬치 꼼꼼히 물어보았다. 맘에 드는 학원이 나왔다. 단체로 앉혀놓고 선생님만 서서 일방적으로 설명하는 학원이 아니었다. 그 아이의 수준에 맞게 가르치는 학원이었다. 선생님은 좀 힘들겠지만! 학원을 정하고는 선생님께 부탁을 했다.

선생님 우리 아들은 성적? 신경 쓰지 않으셔도 돼요. 저는 당장에 성적 오르는 것 원하지 않아요. 천천히 가도 좋고 시간이 걸려도 괜찮으니까 절대 답부터 가르쳐주지 마시고 기다리면서 자기 스스로 차근차근 풀도록 도와주세요.

선생님이 여러 번 놀란다. 요즘 이런 엄마 없는데 하는 눈치다. 수학 잘 하는 사람이라면 이게 무슨 뜻인지 알 것이다.

이렇게 나는 아들을 수학 학원에 보내기 시작했다. 자기가 배우고 싶어서 다니는 거라 열심히 배워서 그런지 성과가 더 빨리 나타난다. 그랬더니 성적도 팍팍 오르고 자신감도 덩달아 팍팍 오른다! 선생님 없이도 혼자 스스로 할 수 있을 정도 까지만 다니게 했다. 이제야 아들이 비로소 공부의 재미가 붙는 것 같다.

한글로 5개국어 물려준 엄마 이야기

잘하다가 못하면 불평이 생기고 속상할 텐데 처음부터 기대조차 안 했기 때문에 조금만 잘해도 감사할 따름이다. 사실 더 이상 내려갈 데가 없으니 올라갈 일만 있지 않겠는가! 인생도 그렇고 공부도 그렇고 잘하든 못하든 내가 스스로 해보는 것이 가장 의미 있고 중요한 것 같다.

　이러던 중 어느새 우리 집은 쓸쓸한 빈 둥지가 되었다!

늬 부모님 미국인이가?

아들도 시내 있는 고등학교 입학해서 기숙사로 들어가 버렸다. 아침마다 북적북적 대던 우리 집이 어쩜 이렇게 조용하고 허전할 수가! 애들 깨우는 것도, 일어나라고 고함치는 것도, 졸린 눈 비비고 아침밥 하는 것도, 영어 읽으라는 소리도, 영어 읽는 소리도, 하루 아침에 다 사라졌다. 이런 날을 무척 손꼽아 기다렸는데, 막상 주어지니까 왜 이렇게 허전하지?

이제 아이들과의 재미는 토요일마다 학교에서 애들 태워오고 일요일 오후에 다시 태워다 주면서 그간 학교에서 있었던 이야기를 듣는 것이다. 애들이 재잘재잘 말도 잘 한다. 그리고 너무 재밌다!

엄마 있지. 갑자기 영어 선생님이 김범석 일어나서 영어 읽어봐! 하길래 그냥 일어나서 평소대로 읽었는데 읽고 나니까 다들 놀래는 거야.

한글로 5개국어 물려준 엄마 이야기

선생님 야! 시골에서 온 촌놈이 영어를 왜 이렇게 잘 해!

　　　　늬 부모님 미국인이가?(경상도 사투리로)

아들 아닙니다!

선생님 그럼 누구한테 배웠어?

아들 그냥 엄마한테 배웠는데요!

선생님 니네 엄마 뭔데?

아들 그냥… 아줌마요!

　난 애들을 차 태워 오고 가면서 공부 열심히 해라는 말 대신, 넌 어려서 부터 뭐든지 하면 밤도 새워가면서 참 끈질기게 잘 했

어! 라고 칭찬했다. 아들, 네가 4살 땐가? 너 맘에 드는 장난감 하나 사줬더니 밤새워 연구해가면서 놀더라구. 넌 맘먹으면 잠도 안자고 절대 포기 안하고 파고드는 성격이 있더라! 딸, 넌 하면 정말 악착같이 했어. 너의 집중력은 놀라울 정도였어. 선생님도 감탄했지. 별로 말수가 없는 딸도 거든다.

엄마~ 내 친구가 내 영어성적 따라잡으려고 겨울 방학동안 캐나다 다녀 왔대.
지문 읽다 보면 뭔가 어색해서 답으로 찍었더니 그게 답이고, 듣기 평가는 너무 잘 들려서 그냥 다 맞춰. 영어 문장은 줄줄 읽어나가는 동시에 바로 이해가 되니까 시험시간이 남아 돌아!

둘 다 고등학교 가더니 자연스럽게 영어가 빛을 본다. 자신감이 가득가득 넘쳐난다. 성적이 알아서 잘 나온다. 참 감사할 따름이다. 집으로 돌아오는 차 속에서 아이들의 어린 시절 이야기를 들려주며 우리 가족은 이렇게 이야기꽃, 웃음꽃을 피운다.

한글로영어 시작한지 벌써 7년 넘짓 되다 보니 교재도 거의 다 완성이 되었다. 단어장도 가르치며 천천히 만들어가다 보니 초급, 고급으로 각각 완성하기까지 한 2년 정도 걸렸다. 파닉스. 역시나 쉽지 않았다. 파닉스가 뭔지도 모르는 내가 하나하

한글로 5개국어 물려준 엄마 이야기

나 배워가면서 만든다고. 사실 만들어 놓고도 찝찝한 게 바로 파닉스 교재이다. 거의 시중에 파는 백 권 넘는 분량의 내용을 넣어 놨다.

사실 파닉스는 이미 영어 말 잘하는 미국 아이들이 학교 들어가기 전에 글 배우기 위한 것이지, 말도 못하는 한국 애들은 절대 처음부터 배워서는 안 된다. 그래도 그간 엄마들이 하도 요구해서 파닉스도 완성해 놨다. 말하기를 위한 교재는 이미 엄청 만들어 놨다. 참 수많은 밤들을 새웠고, 하루 종일 앉아서 지낸 날들도 얼마나 많은가!

그래서 나도 처음으로 정식으로 휴가라는 걸 가졌다. 친정이 서울이라 서울로 휴가 갔다. 완전히 자유부인이 되어서. 그런데 서울 가서 뜻밖에 기가 막힌 기회를 정말 우연히 만났다.

미국 홈스테이 프로그램

오랜 만에 보고 싶은 친구를 찾아가 만났다. 너무 반가웠다. 참 할 말도 많았다. 이야기 도중 갑자기 친구가 아들을 미국으로 유학 보내라고 적극 권한다. 대박 코스가 있다고. 나도 귀가 쏠리고 마음이 끌려서, 자세하게 코치코치 캐물었다. 그게 뭐냐고. 어떻게 가는 거냐고. 어디 가서 알아보면 되냐고. 친구가 수소문 끝에 자세히 알아보더니 장소를 알려 준다.

다음날 나는 당장에 그 곳을 찾아갔다. 와 이런 게 있었구나? 왜 나는 여태 이걸 몰랐지? 자세하게 묻고 들어서 바로 마음에 결심을 했다. 아들을 유학 보내기로! 시험을 봐서 통과하면 일정한 금액을 먼저 낸다. 그래도 그리 부담되는 금액은 아니었다. 비행기 표까지 다해도 미국 여행 갔을 때보다 적게 들었다. 기회가 왔는데 망설일 이유가 어디 있겠는가! 빚을 내서라도 아들을 보내리라 마음먹었다. 여행도 빚으로 갔는데 뭐.

과정은 이렇다. 서류를 작성해서 소속 기관에 제출하면 그 서

한글로 5개국어 물려준 엄마 이야기

류들을 미국으로 보낸다. 미국 국무
성을 통과하면 소속 기관 사람
들이 미국 전역에 호스트가 되
겠다 자원한 가정들에게 그
서류를 보낸다. 그럼 미국의
자원 가정들이 그 서류들을
하나하나 검토해 보고, 자기 가
정에 맞는 아이를 선택하면, 선택
된 아이는 그 가정에서 일 년 동안 자
식같이 사는 것이다.

전 세계에서 이 코스를 통해서 많은 학생들이 미국으로 유학
을 간다. 거기서 특별하게 뛰어난 학생이 나오면 미국 정부에서
계속 키워주는 경우도 있다고 한다. 그럼 그 가정에서 가장 가
까운 학교에 입학할 수 있고, 무료로 먹여주고 재워주고, 학교에
태워다 주고 데려오고, 그렇게 가족같이 일 년을 살다가 오는 것
이다!

와 너무 좋다! 우리에게도 기회가 온 거야. 뛸 듯이 기뻤다. 더
이상 망설일 이유 없다. 당장에 경주로 내려가자. 내려가는 길이
왜 이렇게 긴지 더 빨리 날아가고 싶었다!

아들, 너 미국 갔다 와

이 모든 것을 남편에게 말했더니 적극적으로 찬성한다! 어차피 대학 포기했는데 미국 가서 일년 실컷 놀다 오라 하지 뭐! 사실 고2 여름에 가서 다시 고2 여름으로 돌아오는 것이다. 그럼 대학도 다른 친구들보다 1년을 늦게 가는 것이다. 까짓것 대학 재수도 하는 데 뭐. 남편에게 자초지종을 말했더니 바로 동의해 준다.

아들을 데리러 학교로 갔다! 고등학교 들어가더니 인서울을 목표로 방학도 주말도 없이 학교에만 갇혀 있다. 우선 선생님 허락부터 받고, 영문도 모르는 아들을 다짜고짜 데리고 나왔다. 왠지 거센 물살에 떠내려 가고 있는 아들을 건져낸 느낌이었다.

아들아 나와! 너 미국 가자! 엄마랑 빨리 서울 가자!

서울 갔다는 엄마가 뜬금없이 학교로 찾아와서는 이상한 이

　　　　　　　　　　한글로 5개국어 물려준 엄마 이야기

야기하는 것 같았나 보다. 알딸딸한 아들을 데리고 그날 당장 서울로 다시 올라갔다. 그 기관에 가서 바로 시험을 봤다. 바로 1차에 시험 통과했다! 그리고 바로 내야할 돈을 마이너스통장 박박 긁어서 냈다. 작성해야 할 서류들을 받아 들고 다시 경주로 내려왔다. 휴. 이제야 겨우 한숨 돌렸다.

하지만 작성해야 할 서류들이 쌓였다. 서류는 또 왜 이리 복잡하고 까다로운지 미국은 우리나라처럼 성적만 보는 게 아니다. 성적은 하위 30프로만 아니면 된다. 또 갖가지 질문에 아주 자세히 구체적으로 영어로 답해야 한다. 왜? 라는 질문은 대체 왜 이렇게 많은지. 주제에 맞는 에세이도 써야 하고, 가족 앨범도 만들어야 된다.

와 정말 힘들다. 지금까지 답만 맞추는 틀 속에 갇혀 있던 아들이 이제는 직접 자신의 생각을 표현해야 하고 그것을 또 장문의 글로 풀어내야 하니까. 그게 의외로 힘들고 오래 걸렸다! 그래도 힘든 게 힘든 게 아니다. 정말 즐겁게 해 나갔다. 거의 두 달 걸렸다! 조금만 일찍 알았더라면 우리 딸도 보낼 수 있었을 텐데 너무 아깝다.

드디어 다 하고 나니까 그제서야 다른 애들이 생각나기 시작했다.

한글로 5개국어 물려준 엄마 이야기

좋은 프로그램,
같이 나누다

                나에게 꾸준히 배워왔던 아이들의 엄마들을 또 일일이 찾아갔다. 어디서부터 어떻게 설명해야 하나 막막했지만, 내가 가르친 아이들이라 다 내 딸 같고 내 아들 같아서 일단 찾아가서 말이라도 꺼내 보자 하는 마음으로 찾아갔다. 시골이라 경주 시내에 유명 고등학교에 보내는 게 목적이고 유학은 아예 생각도 안 해본 엄마들이라 말 꺼내는 것 자체가 쉽지가 않았다.

  반응을 보인 엄마가 하나 있었는데, 마침 딸이 우리 아들과 같은 학년이다. 다른 영어를 배우다가 뒤늦게 나에게 영어를 배우기 시작했지만, 우리 아들과는 비교도 안 될 정도로 워낙 뛰어난 아이다. 모든 면에서 어쩜 그렇게 잘하는지 그 엄마한테 자꾸 찾아가고 자주 찾아갔다. 그 오랜 설득 끝에 보내기로 힘들게 결정을 했다! 고민 끝에 연년생인 두 딸을 같이 다 보내겠다고 한다! 둘이 한 번에 같이 보내면 무리일 테니 하나는 내년에 보내라 했는데, 그냥 보낼 때 같이 보내기로 결심한 것이다.

그래서 같이 서울에 데리고 올라와서 기관에 데려가서 시험을 보게 했다. 1차에 떨어져도 일정 기간을 두고 세 번까지 시험을 볼 수 있는데 다행히 둘 다 합격을 했다. 이렇게 우리 아들 포함해서 세 명이 가게 되었다! 먼저 좀 해봤다고 서류 작성하는 것은 내가 다 지도해주고, 가족 앨범이나 병원 서류 등은 자세하게 안내해 줄 수 있었다. 우리보다 훨씬 수월하게 끝낼 수 있었다.

이제 진짜 중요한 게 남았다! 미국 여행가서 들은 건데 미국 가는 것보다 가서 가족과 미국 아이들과 잘 어울리는 게 더 중요하다는 것이다. 아니면 한국 아이들이 자기 방에서 나오질 않는다고. 게다가 학교 수업도 잘 따라가야 하는데, 이게 잘 되느냐 안 되느냐에 따라 일 년이 지옥이 될 수도 있고 천국이 될 수 있는 것이다. 그래서 영어 말하는 능력이 정말 너무 중요한 것이다.

그것만큼 또 중요한 게 아이의 성품이다! 그래서 잠언을 한국어 뜻과 영어로 읽고 읽고 또 읽게 했다. 세상 사는 지혜도 배우고 성격도 좋아지라고. 또 아이들을 주말마다 또 방학 때도 만날 수 있을 때마다 만나서 내 몸이 부서질 정도로 힘들게 훈련을 시켰다.

진짜 우리 아들은 나의 인내심을 훈련시키는 교관이다. 다른 애들은 힘들어도 참아가면서 잘 따라오는데, 우리 아들은 새로 배우는 특기라고 막대기 끝으로 접시 돌리듯 검지 손가락 끝에

잡히는 것이라면 책이고 방석이고 접시고 다 돌려댄다. 또 집중은 안하고 이리저리 왔다 갔다 하는데 속으로 참는 내 몸이 지린다. 내 머리에서 연기가 모락 모락 피어오른다. 진짜! 내 자식만 아니라면 당장 포기하고 싶다.

드디어 시간이 다가왔다. 힘들어도 수월해도 시간은 어김없이 흘러서 갈 시간이 다가온 것이다. 아들이 처음으로 내 품을 떠나 오랫동안 외국에서 떨어져 있어야 한다. 막상 떠나 보내려니 긴장도 되고 걱정도 되고, 또 혹시나 적응을 못하고 힘들어 할까봐, 떠나기 전에 아들을 앉혀 놓고 정말 진지하게 얘기를 했다.

아들아, 너는 이제 내 아들이 아니야!

이제부터 너는 내 아들이 아냐

　　　　　　　　　사실 가정을 잘 만나는 게 행운인데, 이미 고2가 된 아들은 선택받기가 참 힘들었다. 두 달의 피말리는 기다림 끝에 다행히 한 가정이 임시로 맡겠다고 한다. 부랴부랴 출국준비를 다 마치고, 아들과 단둘이서 이야기를 나누었다.

나　아들아, 넌 그 집에 임시로 가는 거야. 이제부터 너 하기에 달렸어. 있잖아, 만약에 엄마 아빠가 저기 외국에 아이 한 명 데려와서 일년 동안 자식같이 우리 집에서 먹여주고 재워주고 학교 보내주고 여행도 같이 가고 하면 어떨 것 같아?

아들　(이래저래 생각해 보더니) 무지 귀찮겠다!

나　그치! 그런데 그 아이가 말도 안 듣고 성격도 안 좋고 지 맘대로라면 그 가정은 어떨까?

아들　데려온 걸 후회할 수도 있겠네!

나　맞아! 너를 받아주는 가정이 널 위해 그렇게 희생하는 거야. 아무 대가도 없이 말야. 그러니까 가서 잘 해야 해. 이제는 전적으로 너한테 달렸어. 넌 임시로 그 집에 가는 거야! 안 그러면 넌 다른 집으로 옮겨 다녀야 해. 그리고 더 중요한 게 있어. 그게 뭘까?

그게 뭔지 생각을 못한다. 아들이 생각해서 말 나오기까지 한참을 기다리다가 말을 내가 꺼냈다.

나   네가 한국을 떠나서 미국 땅을 밟는 순간부터 넌 엄마 아빠 아들로 사는 게 아니야. 넌 이제 한국 사람으로 사는 거야. 네가 잘못하면 한국이 욕 얻어먹고, 네가 잘하면 한국이 칭찬받는 거야.

아들이 제법 심각하게 진지하게 듣는다.

사실 난 아들에게 초등학교 때부터 공부해라는 소리는 안 했다. 오히려 공부는 못해도 좋으니까. 선생님이나 동네 어른들 만나면 인사 잘하렴! 인사 잘하라는 말만 누누이 했다. 그래서 그런지 인사 하나는 참 잘했다. 공부는 못해도 선생님들이 많이 예뻐라 해줬다. 하지만 어디를 데려가면 내가 창피할 정도로 나댄다. 그럼 난 자꾸 못하게 말리게 되고 짜증나게 되고 모임에 가기 싫어졌다. 이런 내 모습을 지켜보는 한 연세 드신 어른이 참 딱했던지 다가와서는

잘~ 다음엔 잘됐네요!

한마디 하신다.

아 냅둬요! 남자 넉살은 논 네 마지기보다 나아요.

남자의 넉살은 아파트 네 채보다 낫다는 것이다. 그래요? 그 말에 갑자기 깨달음이 왔다. 그래서 그 이후로 너무 지나치지 않으면 그냥 내버려 뒀다. 그래서 어디서 그런 자신감이 넘쳐나는지 성격 좋다는 얘기도 제법 들었다. 또 남의 말을 그대로 흉내내는 특기가 있어서, 아들이 있으면 늘 웃음이 끊이지 않았다. 가서 적응은 잘할 것 같은데 막상 보내려니 마음이 참 짠하다. 공항에서 아들과 작별인사 하는데 괜시리 눈물이 나온다. 아들을 불렀다.

미국 땅을 밟는 순간부터 너는 대한민국 사람으로 사는 거야.
반드시 명심해야 해.

이렇게 난 참 요란스럽게도 아들을 미국으로 보냈다. 보내 놓고 뒤돌아서는데 또 눈물이 난다. 그런데 아들이 미국에 가고나서 정말 생각지도 않은 일들이 일어났다.

엄마, 내가 유럽 애들보다
영어를 더 잘한데!

아들이 그 호스트 집에 가서 알뜰살뜰 너무 잘한 것이다. 먼저 와 있던 홍콩 여자애가 밀려날 정도였다. 평소대로 거기서도 워낙 말도 잘하고 흉내도 잘 내고 남도 잘 웃겨주고 그 집 아이들하고도 잘 놀아 주었나 보다. 집안일도 하나는 자기가 책임져서 거들고 돌보았더니, 가정의 사랑을 듬뿍 받아서 한국에 돌아올 때까지 그냥 그 집에 계속 지내자고 했단다. 마음이 놓인다! 다른 가정으로 안가도 되겠구나. 휴 다행이다. 너무 감사하다. 그런데 하루는 아들한테 전화가 왔다.

엄마, 지금 우리 집에서 공립학교는 너무 멀고 사립학교는 가까운데 하나가 있는데 사립학교에 가도 돼?

사립? 어쩌지. 학비가 무지 비쌀텐데 속으로 걱정했더니, 그걸 벌써 알아챈 것처럼 아들이 먼저 말을 꺼낸다.

아들   엄마, 내가 미리 호스트 엄마하고 알아봤는데 나는 장학생으로 갈 수 있대! 그래서 학비 안 내도 된대!

나   네가? 어떻게?

아들   나도 몰라~

엥? 너무 의외였다. 성적은 아닐테고. 뭐지? 영어 성적인가? 그것도 아닐텐데. 그럼 뭐지?

아들   교장 선생님이 나 영어 잘한다고 칭찬해 줬어.
        내가 유럽에서 온 애들보다 영어를 더 잘한대!

와 너무 감사했다. 모든 게 다 감사다. 그간 그 피 말리는 기다림의 보상도 다 받은 것 같다.

아들   그런데 좀 이상한 게 있어. 한국에서 온 애들이 여기 몇 명 있는데 영어 말을 못해. 미국 애들이 지나가면서 욕 해도 못 알아듣고… 그런데 또 시험은 잘 봐. 왜 그러지?

나   글쎄. 나도 이해가 안 가네.

어떤 애들은 학교 갔다 오면 자기 방에 쏙 들어가서 아예 안

나오고 식구들과 잘 어울리
지도 못하는 경우도 있다고
한다. 사실 아들의 호스트
아빠가 팔을 다쳐서 직장
을 그만두는 바람에 형편도
어려운데 감사하게도 아들
을 데리고는 미국 이곳 저
곳 여행을 참 많이 다녔다.
그런데 아들이 그동안 내가
보내준 용돈을 짬짬이 아껴
서 돈을 제법 모았다. 온 가족이 여름에 플로리다로 여행을 가게
됐는데, 그간 아들이 모은 돈을 호스트 엄마에게 건네 주며 호텔
비를 하라고 했단다. 그랬더니 감동에 감동을 하면서 지금까지
정말 많은 아이들을 맡았지만, 너처럼 배려심 있는 아이는 처음
이라면서 정말 좋아하더라는 것이다. 나도 깜짝 놀랐다! 아들이
그렇게 속이 깊을 줄 몰랐다.

　힘든 일이 왜 없었겠는가? 이제 사춘기에 접어든 백인 딸아이
의 그 말도 안 되는 성격도 참아 내야하고, 그러다가 싸우기라도
하면 전쟁. 그래도 고마운 게 호스트 엄마는 누구 편도 안 들고 끝
까지 두 사람의 말을 다 듣고 공평하게 처리해준다는 것이다. 또

호스트 부모가 입양해 키우는 철없는 흑인 아들의 응석도 장난도
다 받아줘야 하고, 처음으로 집 떠나서 느끼는 사무치는 외로움도
이겨야 하고, 배워보지 못한 문화 차이도 스스로 느끼며 감수해야
한다. 그러던 하루는 미국에서 아들로부터 전화가 왔다.

아들 지난번에 나 과학경시 시 대회 나가서 1등 했잖아~ 이번에 주
대회에 그 친구들과 나갔거든? 그런데 또 1등 했다! 이제 국제대회
준비해야 돼! 엄마 공부가 이렇게 재밌는 거야?

나 진짜야? 네가 1등?

믿기지가 않아서 재차 물었더니, 마지막에 자기 이름을 여러
번 부르길래 처음엔 자기도 잘못 들은 줄 알았단다. 그래서 국제
대회까지 출전했지만 뽑히고 뽑혀 올라온 그 전세계 아이들의
창의력은 도저히 못 따라 가겠단다. 참 좋은 경험했다! 지금까지
힘들었던 것들이 싸악 날아가 버렸다. 이런 게 보람이구나!

이런 기쁨을 이 좋은 기회를 조카에게도 나누고 싶어서 동생
부부에게 오랜 설득을 하고 준비를 시키고 보내기로 결정했는
데, 그런데 뭐라고 말로 표현할 수 없는 일이 생겼다. 너무 어이
가 없고 기가 막힌다!

한글로 5개국어 물려준 엄마 이야기

미국서 빛 못 보는
한국교육

우리 큰 조카는 강남 어느 유명한 중학교에서 전교 일등을 도맡아 할 정도로 정말 공부를 잘했다. 물론 착하기도 하고 어릴 적 나를 닮았다고 해서 그런지 더 마음이 가는 조카다. 이 조카를 내가 직접 확실히 훈련시키고 준비시켜서 아들이 갔던 그 코스로 유학을 보내고 싶었다. 그런데 더 좋은 기회가 와서 뉴욕에 있는 한 유명한 고등학교에 돈을 조금 더 주고 유학을 가게 된 것이다. 갈 날을 기대하면서 이런 저런 얘기도 하고 조언도 조곤조곤 해줬다.

아니 그런데! 갑자기 취소가 됐다는 것이다. 아니 왜? 너무 놀라서 이럴 수도 있냐고! 서류도 다해서 다 준비해서 보냈는데 갑자기 일방적으로 취소하면 어떡하냐고. 진짜 너무 하네! 속상해서 막 따지듯이 물었더니, 미국 입장이 너무 단호하고 결정이 다 나버려서 어쩔 수가 없다고 한다. 참나 이걸 어떻게 받아들여야 하나? 너무 기가 막혀서 말이 안 나온다. 그래서 도대체 이유가 뭐냐고 물었다.

그 고등학교가 작년에 한국 학생 3명을 받았었는데, 태도가 영 아니고 실망스러워서 앞으로 한국 학생들은 일절 안 받겠다는 것이다! 물론 한국에서 공부는 아주 잘 했겠지. 그러나 한국과 미국이 교육방식이 너무 다른 것. 우리 아이들이 미국에 가서 너무 한국식으로 한 것이다!

그 한국식이 뭐냐? 수업시간에 엎드려서 자는 것이다. 이미 학원에서 다 배워서 배울 게 없으니 책상에 엎드려서 잔다는 것이다. 게다가 선생님에 대한 존경심 전혀 없고, 오며 가며 인사를 전혀 안 한단다! 진짜 문제는 핸드폰이다. 쉬는 시간에 아이들과 운동도 하고 농담도 하면서 잘 어울려야 하는데, 혼자 앉아서 핸드폰만 한단다. 얼마나 가관이었을까!

한편으로 내 생각은 이랬다. 아이들이 그간 시험을 위한 교육만 받아서 말은 안 나오고 안 들리니, 수업도 안 들리겠고 친구도 못 사귀니 본인도 얼마나 더 답답하고 얼마나 힘들었겠는가? 이러니 미국 선생님이나 아이들이나 이 한국에서 온 아이들을 도무지 이해를 할 수가 없고 어이가 없어서, 이제 아예 한국학생은 일절 안 받겠다고 선언을 한 것이다!

그래서 우리 조카가 그 1차 피해자가 된 것이다. 이를 어떻게 받아들여야 하지? 나는 너무 안타까워하는데 의외로 동생 부부

한글로 5개국어 물려준 엄마 이야기

는 위낙 공부를 잘하는 딸이라 대학에 기대를 두고 있어서 그런지 크게 아쉬워하지도 않는 것 같았다. 조카는 그냥 그렇게 끝나 버렸다! 아~ 이 씁쓸함.

이보다 먼저 일어난 일이지만 우리 남편이 갑자기 황당한 제안을 한다!

내가 어떻게 책을 써요?

처음에는 영어 밑에 한글 쓰면 영어가 될까요? 물어보니 쳐다보지도 않고 쓸데없는 소리 하지 말라던 남편이 다가오더니 갑자기 한글로영어에 관한 책을 쓰잔다.

네에? 책이요? 말도 안 돼요! 내가 어떻게 책을 써요! 그냥 집에서 애들 가르치는 것만으로도 충분히 만족하고 행복하니까, 제발 일 좀 만들지 마세요! 그냥 우리 애들이나 잘하면 됐지. 싫어요! 절대로 안 돼요. 절대로!

난 너무 놀라서 단 한 번에 거절했다. 책을 쓴다는 건 세상에 나간다는 뜻인데 내가 내세울 게 뭐가 있다고. 내가 단칼에 딱 잘라 말해버리니까 남편이 사뭇 심각하게 질문을 던진다.

만약 시간을 거꾸로 돌려서 애들 영어 배우기 전으로 돌아간다면?

그리고 우리에게 돈도 많다고 치자. 그럼 애들에게 영어 어떻게 가르칠래?

    그 질문에 나도 시간을 되돌려봤다. 우리에게 돈도 넉넉하게 많다? 그럼 일찌감치 유학을 보내는 게 낫지! 그런데 잠깐. 애들만 그 어린 나이에 혼자 어떻게 보내지? 그 어린 나이에 성격도 인격도 완성 안 된 아이들이 일찍부터 미국에 가버리면? 한국 애도 미국 애도 아니게 될 텐데. 가서 배우기는커녕 오히려 비뚤어질 것 같은데. 아들도 사춘기 지나고 가니까 적응 잘하고 더 많이 배우잖아. 안 돼! 불안해서 애들만 보낼 수 없지. 그럼 내가 따라가면 되겠네? 아니 그럼 남편은? 그럼 우리 남편 혼자 남아 불쌍하고 외로워지겠네. 그럼 우리 가정 산산조각 나겠네. 아니 영어 때문에 왜 우리 가정 조각내야 하나?

    그럴 바에 우리 가정 함께 살면서 그냥 아침 저녁으로 집에서 다섯 번 읽으면 되지! 돈 아무리 많아도 그렇게 돈 쓰고 싶지 않다. 사실 지금까지 가르친다고 몸은 좀 힘들긴 했지만 얼마나 행복했는데. 우리 가족이 지금까지 쌓아온 돈 주고도 살 수 없는 추억들이 얼마나 많은데! 이렇게 좀 길게 생각하고 정리되자 자신 있게 남편에게 말했다.

나 당연히 한글로 영어 가르치죠!

남편 그래? 그럼 됐다! 책 쓰자!

그래도 난 말렸다. 너무 겁이 났기 때문이다. 그런데 갑자기 궁금해졌다. 똑같은 질문을 애들에게 던지면 어떤 반응이 나올지. 그래서 애들에게 책 쓴다는 얘기는 안 하고, 따로 따로 단도직입적으로 물어봤다.

애들아 있지 시간을 거꾸로 되돌려서 영어 배우기 전으로 돌아간다면, 어떻게 영어 배우고 싶어?

딸도 아들도 의외로 곰곰이 생각을 한다. 나도 질문을 하고 어떤 대답이 나올까? 궁금해서 말이 나오기까지 가만히 기다렸다. 그랬더니 딸 아들 둘 다 똑같은 대답을 한다.

당연히 한글로 영어 배우지!

아이들이 자신 있게 대답한다. 와 너무 기분 좋은데. 이렇게 뿌듯할 수가! 자식에게 인정받는 느낌이 이런 건가? 아이들의 대답이 나에게 자신감을 팍팍 준다. 남편 말보다 더 힘을 주네!

그래서 부모에게 칭찬받는 아이가 힘을 얻고 자신감이 생기는 거구나.

남편에게 가서 말했다. 책 쓰자고! 그래서 내 생애에 생각지도 않은 책을 쓰게 되었다. 그런데 책 쓰는 게 이렇게 힘든 것인가? 이론적인 뒷받침은 책을 많이 읽고 교육학도 공부한 남편이 든든하게 채워주었다. 그리고 나는 그 동안의 결과물들 하나 하나 정리했다. 정말 복잡하고 귀찮고 정말 확 다 때려치우고 싶었다. 쓰면서도 수십 번이나 포기할까? 하다가 다시 쓰고, 이렇게 반복하면서 산고의 고통 끝에 책이 완성되었다.

그런데 이럴 수가…

넓은 세상을 꿈꾸다

출판사 정하기

사실 우리 남편은 정말 책을 많이 읽는다. 시간만 나면 서점에 가는 게 일이다. 갈 때마다 책을 잔뜩 사와서는 책을 읽고 싶은 설레임에 잠도 못 이룰 정도다. 그리고 이때는 벌써 남편이 책도 두 권이나 썼다.

『암~ 마음을 풀어야 낫지』와 『의사 예수』

내용이 너무 좋기도 하지만, 어려운 의학적 내용과 원리를 재밌게 쉽게 풀어주어서 많은 의사 선생님들이 암 환자분들에게 권해주는 책이다. 내 생각과 습관으로 인해 오랜 세월 동안 만들어진 병인 암을 심신의학으로 항암이나 방사선보다 더 큰 치유효과를 낼 수 있게 돕는 책이다.

남편은 고려대 대학원에서 졸업할 때는 최우수 논문상도 수상하고 심신의학을 전공해서 서울가톨릭의대 성모병원에서 교수로 일도 했다. 이러니 책값만 계산해도 시골에서 아파트 한 채는 살 정도다. 이런 남편이 도와줘서 책은 다 썼으니까 이제 남은 일은 한 가지! 제목을 정하는 것이다. 와, 책 제목 하나 정한다는 게 이렇게 힘든 줄 몰랐네.

뭐라 하지? 장 선생 영어? ㅋㅋ 진짜 웃긴다.

아 뭐라 하지? 그래도 한글이 중요하니까 '한글'이 들어가는 게 낫겠지? 그래 그냥 '한글영어'로 밀고 나가자.

그래서 결국 '영어혁명 한글영어'라 했다!

이제 남은 건 책을 출판해 줄 출판사를 알아보고 찾아다니는 것이다. 참! 산 너머 산이다. 철두철미한 남편은 이미 찾아갈 출판사 주소와 전화번호까지 리스트를 다 만들어 놨다. 사실 그 때는 남편이 의대 교수 일로 서울을 정기적으로 다니고 있었다. 그래서 서울 갈 때마다 출판사를 찾아다녔다.

그런데 참나 이건 또 뭐람. 출판사들마다 책 출판하기를 거절한다. 점점 낙심된다. 자존심도 무지 상한다. 처음부터 너무 큰 유명한 출판사들만 찾아다녔나? 그러다가도 그래 이건 내지 말라는 뜻이야. 차라리 잘 됐네 내지 말자! 그래서 남편에게 말했다.

오히려 잘 됐네요! 출판사부터 막히는데 책 나온들 누가 사보기나 하겠어요? 나가지 말라는 하늘의 뜻이예요. 내지 맙시다!

그런데 우리 남편은 나랑 달라도 너무 다르다. 들은 척도 안 한다. 우리 남편은 책을 많이 읽어서 나랑 생각부터 다르고, 같은 사건을 보고 판단하는 것도 완전히 다르다. 다시 출판사들을 찾더니 발바닥에 땀나도록 찾아다닌다. 전화도 불이 나도록 열심히 하고, 옆에서 지켜보는 나도 우리 남편의 열심에 감동할 정도다.

한 번씩 나도 출판사에 가면 그 쳐다보는 눈길이 진짜 너무 기분 나쁘다. 우리가 왜 이런 대우를 받아야 하지? 우리가 잘못된 건가? 아님 한글로영어 자체가 잘못된 건가? 난 중2 때 영어 포기해서 한글 밑에 영어 써서 선생님한테 맞아보지 않아서 느낌이 너무 없는 건가? 하긴 처음에 남편도 영어 밑에 한글 쓰면 영어가 될까요? 하고 물었더니 쳐다보지도 않고 쓸데없는 소리 말라고 했잖아. 으~ 기분 나쁘다. 그냥 집에서 애들 가르치면서 편하게 지내도 될 것을, 우리가 왜 이런 대우를 받고 이런 고생을 사서 해야 하나? 그러면서도 세상 참 만만치 않구나 하는 생각이 절실히 든다.

그런데 어느 날 지치고 힘들어서 거의 포기하고 있는데, 그 많은 출판사들 중에서 딱 한 출판사에서 전화가 왔다. 사장이

한글로 5개국어 물려준 엄마 이야기

책을 다 읽어 보았단다. 이건요 대박! 아님 쪽박! 입니다. 하더니 책을 내잖다. 근데 전화 받은 우리는 기분이 왠지 좋으면서도 씁쓸했다.

　그런데 이게 끝이 아니지 말입니다…

『원어민도 깜짝 놀란
기적의 한글영어』

출판사 사장님을 만났다. 키는 작은데 참 당차고 야무지게 생겼다. 책을 읽어보고는 대박에 승부를 걸었단다. 그래서 계약서 쓰고 여러가지 조건들 상세히 나누고 우리는 충실히 협조하겠다고 했다. 참 기분이 묘했다. 어떤 책이 나올까? 기대도 했다가 두렵기도 했다가 생각이 참 왔다 갔다 한다.

경주로 내려오고 얼마 지나지 않아 출판사 사장한테서 전화가 왔다. 문제가 생겼다고! 엥 무슨 문제지? 가슴이 철렁. 긴장이 돼서 물었다. 뭐가 문젠데요? 꼴깍… 직원들이 출판을 무지하게 반대한다는 것이다.

사장님 안돼요! 무슨 한글로 영어를 해요? 말도 안 돼요. 이러다가 회사 적자 봐요! 책 찍어서 돈만 날리면 어떡해요!

그래서요? 하고 내가 숨죽이며 물었다. 그랬더니 어떡하면 좋겠냐고 도리어 나에게 묻는다. 참나 원, 뭐하나 쉬운 게 없네. 생각하는 와중에 문득! 생각이 났다.

실험을 해보면 어떨까요? 직원 자녀들에게 교재를 좀 줄 테니까 직접 한번 해보라 하면 어떨까요? 방법을 알려줄 테니 딱 일주일만 해보라 하세요. 그래서 안 되면 할 수 없는 거죠 뭐.

이렇게 출판사 직원 자녀들부터 실험 단계로 들어갔다. 일주일이 얼마나 길게 느껴지던지. 일주일 후에 다들 모여서 그 동안의 경험담을 나누게 되었다. 왠지 내 자신이 시험대에 오른 느낌이었다. 한 직원은 중학생 딸에게 교재를 건네 줬더니 픽 웃으며 무시를 하더란다. 그래도 한글만 열 번만 읽어봐. 하고 던져 줬더니 오며 가며 읽더란다. 그러더니 자려고 누웠는데

엄마 이상하게 생각이 나고 그냥 입에서 툭 튀어나오네.

초등학생 자녀를 둔 엄마 직원들은 의외로 애들이 너무 재밌게 쉽게 하네요! 다음 편 좀 주시면 안 돼요? 한다. 한글만 보고 소리 내서 여러 번 읽었더니 원어민 소리가 너무 잘 들리고, 일주일 했더니 원어민 발음 고대로 다 따라 하는 것이다. 너무 신

귀에 쏙쏙 들어오고 입에 착착 달라붙는

원어민도 깜짝 놀란
기적의
Hangul
English
한글영어

기하단다. 이건 기적이란다! 이리하야 책제목이 바로『원어민도 깜짝 놀란 기적의 한글영어』가 된 것이다.

이런 우여곡절을 거쳐서 책을 출판하기로 최종 결정했다. 강의도 찍고, 책에 들어갈 DVD도 만들고, 내가 가르치는 방법을 세세히 풀어놓고, 가르쳤던 아이들 어른들 소감문도 다 받았다. 책 한 권을 위해 출판사는 피곤할 정도로 깐깐하게 참 많은 것을 요구한다. 책이 하나 나오기까지의 과정이 이렇게도 힘든 것인지 몰랐다. 드디어 책이 완성되었다! 이 기분 아시나요? 내가 책을 쓰다니. 내 책이 만들어지다니! 서점 진열대에 올라가다니! 내 책이 나왔다는 것만으로도 신기했다.

아니 근데 이건 또 뭐람?

여보세요?
한글로영어 진짜 되나요?

                    반가움도 잠시. 은근히 걱정이 된다. 잘 팔릴까? 심히 걱정된다. 하나도 안 팔리면 어떡하지. 근데 이게 웬일이래? 은근히 잘 나가네! 오늘은 얼마나 팔렸을까? 떨리는 맘으로 인터넷 검색하는 게 아침에 일어나면 습관이 되었다. 이런 추세로 계속 가면 짭짤하겠는데? 생각보다 한글영어에 관심 있는 사람들이 많은 것 같다. 그런데 엥? 좀 지나자 낯선 전화들이 오기 시작한다.

   내가요 책을 읽었는데요! 이거 진짜 되나요?!

   언제 봤다고 처음부터 인사도 없이 날카롭게 따지듯이 묻는 사람도 있고

   제가요… 사실 영어 선생님인데요. 영어로 말을 못해요. 그래서 문

법만 가르쳐요. 근데 이거 진짜 말이 되나요…?

아주 비밀스럽게 묻는 사람도 있다. 잠깐! 영어 선생님은 다 말 잘하는 거 아니었나? 오히려 내가 더 놀랐다.

우리 애가 영어 소리만 들어도 경기를 내요. 이제는 영어학원 말은 꺼내지도 못해요. 한글로영어는 효과가 있을까요?

이렇게 너무나 간절한 엄마도 있다. 그런데 더 놀라운 건

제가요. 학교 다닐 때 영어 밑에 몰래 한글 썼다가 영어 선생님한테 들켜서 언어맞았어요. 그런데 진짜 영어 밑에 한글로 써도 되나요? 완전 말도 안 되는 소리 아니에요?

오히려 나를 나무라듯 말하는 사람도 있다. 사실 이런 전화가 제일 많이 왔다. 얼마나 수치심이 들고 상처로 남았길래 처음부터 나에게 저럴까? 난 영어를 너무 일찍 포기해서, 영어 밑에 한글로 적어본 적도 없고, 적어볼 생각도 안 했고 혼나본 기억도 없다. 그래서 도무지 이해가 잘 안 갔다. 그래서 이런 전화들을 받고 놀란 사람은 바로 나다. 이건 또 뭐지? 어떻게 말해줘야 하

한글로 5개국어 물려준 엄마 이야기

나? 뭔가 시원한 대답을 해줘야 하나? 이런 심리적 부담감을 느끼면서도 솔직히 특별히 대답해 줄 말도 딱히 없었다. 진짜 되죠. 난 그냥 그렇게만 말했다.

그럼 되는지 안 되는지 내가 직접 가서 봐도 되냐 묻는다. 네에? 우리 집에 온다고요? 이 시골 우리 집에 온다고? 이를 어쩌지? 집도 작고 초라한데 내 모습에 실망하면 어쩌지? 너무 초라한 우리 집에 실망하면 어쩌지? 그냥 애들만 바글바글 정신없는 속에서 영어로 읽는 소리로 시끄러울 뿐인데, 괜히 그들에게 보이는 것으로 압도하고 싶은 나의 심리적 책임감은 또 뭐지? 안돼요! 하고 말하면, 왜요? 안되니까 그러는 거죠? 하고 말하겠지. 방법이 없네. 참나. 내가 언제부터 이렇게 영어의 해결사로 자리바꿈을 한거지.

네~ 오세요. 하지만 은근 안 왔으면 하는 어투로 조심스럽게 대답했다. 그랬더니 진짜 온다. 그게 시작이었다. 계속 오기 시작한다! 작은 거실에 앉을 데가 없어서 구석에서 서서 듣다가 쭈그려 앉아서 보다가 수업하는 걸 지켜보더니 내심 놀라면서 애들에게 막 질문들을 던진다.

애야~ 너 알고 해? 모르고 해? 그냥 읽기만 하는 거지? 뜻은 알고 말하는 거야? 너 여기 다닌 지 얼마나 됐어? 영어 보고 말해? 한글

보고 말해?

애들에게 막 질문 공세를 퍼붓는다. 나도 예기치 않은 상황에
애들이 어떻게 대답할지 궁금했다. 그런데 의외로 아이들은 은
근히 뻐기듯이 대답한다.

그럼 알고 읽지 모르고 읽어요? 영어도 보다가 한글도 보다가 내가
하고 싶은 대로 해요~

한글로 5개국어 물려준 엄마 이야기

하지만 어른들은 도무지 그게 뭔 말인지 이해가 안가는 눈치다. 옆에서 지켜보는 나도 참 재미있다. 의외로 애들도 날마다 새롭게 오는 사람들이 은근 재밌나 보다.

선생님 오늘은 누가 와요? 오늘은 몇 명 와요?

자꾸 묻는다. 책이 나가니까 참 일도 많이 생기네. 오늘은 무슨 일이 생길까? 그런데 이번에는 가슴 뛰는 신나는 일이 정말 너무 뜻밖에 우연히 생겼다!

떨리는 첫 강의

내가 한글로영어에 대한 강의를 하게 된 것이다! 사람들 앞에서 강의를 멋지게 해보는 게 나름 내 인생의 로망이기도 했다. 그런데 하나도 준비된 것 없는 상황에서 기회가 너무나도 뜻밖에 온 것이다!

사건의 발단은 이렇다. 남편의 지인과의 약속에 정말 생각지도 않게 같이 만나러 가게 되었다. 이런 저런 이야기를 하다가 한글로영어에 관한 이야기가 나왔다. 그때부터 내 눈은 반짝거렸고 이글거리기 시작했다. 나도 모르게 열변을 토하면서 그동안 경험들이 막 나오는 것이다. 9년을 넘게 가르쳐 와서 경험도 쌓이고 결과물도 많아서인지 그냥 열변을 토하게 된 것이다.

그랬더니 다 듣고 나더니 제안을 하신다. 와서 강의를 해보라고. 네? 강의를 해라고요? 이를 어쩌지? 이게 아닌데. 그냥 같이 앉아서 수다 떨 듯이 말하는 건 평범한 아줌마로서 잘하는데. 남편도 옆에서 강의 한번 해봐 하고 한마디 거든다. 나는 예기치

않은 이야기의 방향에 말을 잇
지 못했다. 그랬더니 남편이
알아서 모든 걸 마무리해서 일
을 추진해 버렸다. 이렇게 얼
떨결에 첫 강의를 하기로 결정
된 것이다.

　이제 나의 깊은 고민으로
잠 못 드는 밤이 이어졌다. 정
말 강의는 난생 처음 해보는
데 어떻게 해야 하지? 애들은 참 많이 가르쳐봤는데 어른들 앞
에서 강의를 하라니. 고민하는 내가 참 딱해 보였는지 남편이
옆에서 도와준다. 역시 워낙 책을 많이 읽어서 그런지 정말 아
는 게 많다. 강의 도입 부분은 유머로 시작해서 탄탄한 학문적
인 이론까지 다 준비해준다. 말하는 기술도 가르쳐 준다. 어쩔
땐 너무 친절하게, 어쩔 땐 너무 신랄하게! 그러다가 애꿎은 남
편에게 화풀이해서 부부싸움 대판 하기도 하고. 해보고 싶었던
일인데 이렇게 가슴 떨리고 설레는데 긴장되는 이유는 뭐지?
촌스러워 보이면 어떡하지? 내 모습에 자신이 없던 터라 내 모
습에 실망하면 어떡하지? 또 사람들이 잘 안 들으면 어떡하지?
강의 죽 쓰면 어떡하지?

첫 강의인데 남편 없이 나 혼자 가게 되었다. 세상에 얼떨결에 떠밀려서 갑자기 무대에 나온 느낌이다. 어떡하지. 내 속엔 대인공포증이 아직 남아 있는데. 젊은 엄마들이 온다. 삼삼오오 같이 온다. 어느 새 강의장이 채워져 간다. 젊은 사람들이 앉아서 나만 본다. 에라 모르겠다. 준비한대로 해보자 그냥!

어머나 의외로 재밌어 하네. 예상보다 잘 듣고 있잖아! 드디어 강의가 끝났다. 내 몸은 긴장해서 빳빳하게 굳은 것 같고, 숨도 한번 안 쉰 것 같고, 강의하는 동안 심장이 한 번도 안 뛴 것 같다.

휴 다 끝났다! 안도의 한숨을 내쉬는데 질문해도 되냐고 한 엄마가 묻는다. 질문? 질문을 한다고? 강의에만 신경 써서 질문은 예상도 못했는데. 그래서 준비도 전혀 못했는데? 큰일났다. 어떡하지? 무슨 질문을 한다는 거지? 일단은 나도 뭐든지 질문하세요 라고 했다. 그랬더니 여기저기서 마구 질문을 퍼붓는다.

그런데 이건 또 뭔가?

한글로 5개국어 물려준 엄마 이야기

쏟아지는 질문들

        난생 처음 강의라 온통 강의에만 신경을 썼는데. 어떻게 하면 강의를 멋지게 할까? 그런 궁리만 했는데. 누가 질문을 할 거라고는 아예 생각하지도 않았는데. 강의만 잘 끝내면 다 되는 줄 알았는데, 갑자기 질문을 한다니! 무슨 질문을 할까 나도 무지 궁금해졌다. 네 질문하세요! 했더니 한 엄마가 묻는다.

교재는 있나요? 가격은 얼마나 하죠? 어떻게 구매를 해야 하나요?

순간 정말 당황했다. 훗 그래도 내가 강의를 잘하긴 했나 보다! 책을 사고 싶다고 하니. 그런데 무슨 교재를 팔아야 하나? 오로지 강의에만 초점을 다 맞췄는데, 사실은 팔려고 준비된 교재도 없고. 그래서 난 그냥 이런 방법으로 하면 너무 쉽고 재밌게 배우고 효과가 아주 좋아요~ 라고만 대답했다. 연이어서 한 엄마가 또 질문을 한다.

한글로 영어를 하면 한글만 보고 영어를 말하잖아요. 그럼 애들이
영어를 읽을 줄 아나요?

대답도 하기 전에 또 한 엄마가 일어나서 질문을 한다.

내가 해보니 자꾸 눈이 영어로 가서 한글 읽기가 더 어색하던데…
굳이 한글을 볼 필요가 있나요?

에휴. 어떻게 답해줘야 하나? 완전 방향을 잃었다. 멘붕이다.
사실 나도 눈으로는 영어를 꽤 잘 읽었다. 그래서 처음 한글로
영어 했을 때 자꾸 눈이 영어로만 가서 얼마나 애먹었는가! 사실
아이들은 영어를 봐도 모르니 시선이 바로 한글로 가고, 어른들
은 영어가 익숙하니 바로 영어로 간다. 그런데 영어를 눈으로는
잘 읽어도 막상 소리 내어 읽으면, 자꾸 내 식으로 읽게 되고 내
발음이 너무 낯설고 이상해서 목소리가 안으로 들어가게 된다.
　그런데 참 이상하지. 왜 엄마들은 읽는 걱정을 하지? 오히려
말을 못해서 평생 한(恨)일 텐데. 그래서 말 잘하는 법을 강의한
건데. 솔직히 애들 가르치면서 읽는 문제에 대해서는 한 번도 고

민도 안 해봤다. 입에 익은 문장은 한글만 지우고 영어만 보게 했더니 오히려 원어민같이 더 자연스럽게 더 잘 읽던데. 처음부터 파닉스로 배운 애들이 영어를 너무 더듬더듬 또박또박 읽어서 발음이 더 촌스럽던데.

근데 내가 설명을 잘 못하겠다. 최선을 다해서 나름 설명을 했는데, 질문한 엄마는 기존 입장에서 도무지 이해가 안가는 표정이다. 결국 그 엄마에게 만족할 만한 답을 못해주었다. 속이 너무 답답해졌다. 뭔가 내가 해답을 줘야 할 것 같은 이 막중한 책임감과 부담감은 또 뭐지? 이번엔 한 안경 쓴 엄마가 조금은 딱딱하게 질문을 한다.

말하는데 있어서 이 방법은 정말 좋은 것 같네요. 사실 내가 영어 과외를 하고 있는 데요. 이렇게 하면 문법이 되나요? 학교 시험에 문법이 아주 중요하거든요.

으악! 뭐라고 대답하지? 문법! 그 지긋지긋한 문법!!

중학교 때 영어 포기한 게 그 징글징글한 문법 때문인데 어딜 가나 아직도 문법만 찾고 문법만 따진다. 옛날에 다른 학원에서 영어 배워온 한 학생이 와서는 전치사는 어쩌고 명사는 저쩌고 영어에는 팔품사가 있는데 라며 종알종알 떠드는데 듣는 내가 오히려 숨이 꽉! 막힐 뻔했다. 한국인도 한국어 문법을 그렇게 잘 알아서 한국말을 잘하는 걸까? 학교 가도 문법, 학원 가도 문법, 어딜 가나 문법!

사실 내가 가르친 애들은 말로 하다 보니 문법은 너무 쉽게 이해해서 성적은 그냥 따라왔다. 관계대명사란 용어는 몰라도 문장을 쭉 소리 내어 읽으면 그 자리에 뭐가 들어가야 될지 어떤 부분이 어색한지 바로 알아 맞힌다. 엄마들의 문법 질문이 들어오는 순간 가슴이 꽉 조여져 오는 것 같았다. 그래도 나름 강의는 잘한 거야 하고 나 스스로를 격려해 주었다.

이렇게 나의 첫번째 강의는 막을 내렸다. 어찌 됐던 잠시 벗어나고 싶었던 지겹고 반복되는 나의 일상에서 색다른 경험을 해보니 참 재밌다. 그런데 말입니다. 내 인생에 신나는 일이 또 생겼지 말입니다!

TV방송 첫 출연

이래서 인생은 재미있는 것인가? 난 늘 힘든 일만 있는 줄 알았는데, 생각지도 않은 재미있는 일들이 예기치도 않게 뜻밖에 일어난다. 내가 TV 방송의 한 프로그램에 게스트로 출연하게 된 것이다!

사실은 『기적의 한글영어』 책이 출간되고 나서부터는 만나는 사람마다 자연스럽게 한글로영어에 대해 말을 하게 된다. 이번에도 서울에 사는 남편 지인을 우연히 같이 만나게 되었다. 그래서 또! 자연스럽게 한글로영어에 대해 남편과 내가 열변을 토하게 되었다. 그랬더니 너무 공감을 하면서 제안한다. 영어는 물론 중국어, 모든 외국어에 그렇게 효과가 좋다면 아주 좋은 방법이네요. 많은 사람이 알면 좋겠네요. 내가 아는 TV 방송국 지인이 있어요. 소개해드릴 테니까 거기에 한번 나가보세요.

제가요? TV 방송이요? 진짜요? 도무지 믿어지지가 않는다. 너무 놀랍고 도무지 상상이 안 되니, 오히려 아무런 생각도 없이 멍하고 그저 아무 말도 못한다. TV 출연은 내 인생에 한 번도 생각조차도 아니 상상도 안 해봤다.

벌써 남편 지인이 TV 방송 담당자와 연결해 주었다. 담당 PD로부터 연락이 오고 그 다음에 담당 작가로부터 연락이 와서 정말 자세하게 이것저것 묻는다. 질문지도 보내오고 그 질문에 다시 답변 달아 보내고 여러 번 다시 질문과 답변 달아서 다시 보내고 다시 고치고 오고 가고를 수도 없이 반복한다. 와! TV도 그냥 나가는 게 아니구나. 이렇게 복잡한 과정을 거쳐야 하는구나. 출연 날짜가 점점 다가오더니 드디어 내일이다.

『의사 예수』와『암~ 마음을 풀어야 낫지』를 쓴 남편의 심신의학 강의는 40분, 한글로영어 소개는 15분. 남편과 같이 출연하기로 했고 방송분량도 총 60분으로 잡혔다. 15분이면 어때! TV에 나가는 것만으로도 여태까지 안 해본 얼마나 신나는 경험인데!

사는 곳이 경주라서 하루 일찍 서울로 올라갔다. 참 설레기도 하고 기대된다. 내 나름 최대한 세련되게 차려 입고 드디어 방송국에 갔다! 휑한 넓은 공간 한편에 따뜻한 분위기의 거실 같은 세트장이 밝게 설치되어 있었다. 또 난생 처음 분장실에서 다른 사람이 나를 메이크업을 해주고 있다. 나는 가만히 있기만 하면 된다. 눈감고 조용히 화장을 받고 있는데 기분 참 묘하다. 메이크업이 다 끝나고 얼마나 예뻐졌을까? 기대감에 차서 거울을 보는데, 낯설다. 너무 낯설다! 아니 저 사람이 누구지? 거울 속에 내가 완전 다른 사람인 것 같다! 사실 난 화장을 결혼식 때 한번 해보고 그 이후로 한 번도 안 해봤다. 그러니 거울 속 화장한 내가 낯설고 이상할 만도 하지.

방송 촬영하기 전에 미리 진행자를 만났다. 그 유명한 탤런트다! 대학 다닐 때 우리 학교에서 찍은 인기 절정 드라마의 주인공이 바로 이 사람이었지. 나랑 차원이 다른 사람일 거라며 먼발치에서 부러움과 동경의 시선으로 바라봤었는데. 나랑 비슷한 나이의 탤런트를 바로 눈앞에서 실물로 보니까 어쩜 그렇게 예쁘고 날씬한지. 그 탤런트가 지금 이 순간만큼은 나를 위해 존재하는 것이다!

촬영이 시작되었다. 우리 집 거실보다 더 넓고 아늑한 세트장. 그 위에 있는 조명들이 일제히 다 켜졌다. 더 눈부시고 더 환하게 밝아졌다. 빛과 어둠의 경계선이 이렇게 뚜렷하게 갈라질 수 있구나. 세트장 안에는 단 네 명! 세트장 밖 그 빛 경계선 너머 깜깜한 2미터 선 밖에는 참 많은 사람들이 준비를 위해 바쁘게 오고 가다가 촬영이 시작됨과 동시에 조용히 숨죽이며 우리를 지켜본다. 사람 얼굴 만한 눈 달린 카메라가 빙 둘러서서 우리를 노려보듯 쳐다본다. 다 숨죽이고 카메라 돌아가는 기계음 소리만 난다. 그 긴장감에 숨도 못 쉬겠다. 살짝 숨 쉬는 소리도 들릴

것 같다. 갑자기 PD가 큐! 하는 사인과 동시에 긴장된 정적이 화
들짝 놀라듯 깨졌다.

남편이 먼저 40분을 하기로 되어있었다. 옆에서 나는 처음에
똑바로 앉았다가, 시간이 지나서 긴장감이 풀리자 등을 소파쿠
션에 기대고 좀 편하게 앉았다. 그랬더니 조명 밖 어둠 속에 있
던 스텝 한 분이 스케치북에다 〈쿠션에 기대지 마시고 똑바로 앉
으세요!〉 하고 큰 도화지에다 쓴 것을 내 맞은편에서 나보라고
신호를 크게 한다. 그 글을 읽고 순간 당황해서 바로 표시 안 나
게 똑바로 고쳐 앉았다. 드디어 내 차례가 되었다. 정확하게 15
분 진행되었다. 어떻게 말을 했는지 나도 모르겠다. 그런대로 나

　　　　　　　　　　　　　　한글로 5개국어 물려준 엄마 이야기

름 잘한 것 같긴 한데 15분이 이렇게 짧은 건지 몰랐다.

순식간에 모든 게 다 사라지고 순식간에 현실로 돌아왔다! 다 끝나니까 담당 스탭이 다가오더니 방송이 나올 날짜를 알려 준다. 집에 와서는 그때만 기다려진다. 드디어 그 시간이 되자 온 가족이 TV 앞에 앉아서 TV가 무안할 정도로 뚫어지게 보고 있다. 나온다 나와! 시작했다! 저게 진짜 나인가? 신기하다. 내가 아닌 것 같다. 아쉽다. 이 대목에서는 이렇게 말할 걸. 이렇게 TV 방송에 내가 나온 것이다.

그런데 첫 방송이 마치자마자!

전화통에 불나다

　　　　　　　　따르릉 전화벨이 울린다. 전화를 받았다. 여보세요? 느닷없이 저쪽에서 묻는다.

한글로영어가 뭐예요?!

네에? 갑작스런 질문에 할 말을 못 찾아 어리둥절하고 있는데

제가 방송 봤거든요? 그 영어 어떻게 하는 거죠?

서재에 있는 전화가 울린다. 어떻게 전화를 끊었는지도 모르겠다. 수화기를 내려놓자마자 또 전화가 따르릉 울린다. 두번째 전화를 들었다. 수화기를 듦과 동시에 또

한글로영어가 뭐예요? 그게 말이 진짜 되는 거예요?

진짜 영어 밑에 한글 써도 되는 거예요? 내가 학교 다닐 때 영어 밑에 한글 썼다가 영어 선생님한테 얼마나 혼났는데요! 아직도 생각하면 눈물 나고 창피해 죽겠는데, 진짜로 영어 밑에 한글 써도 되는 거예요?

그러는 사이에 전화가 또 울린다. 수화기를 놓자마자 또 울린다. 서재에서도 울린다. 집전화도 울린다. 끊자마자 또 울린다. 정신없다! 묻는 사람들은 각자각자 너무 진지한데 전화 받는 우리는 정말 팔이 열 개라도 모자랄 정도로 전화기가 울려 댄다.

경주 시내에 있는 제일 큰 교회에서 전화가 왔다. 도대체 방송에 나가서 뭐라 했길래 왜 우리한테 전화가 오는 거예요! 전화 받는다고 도무지 업무가 안되잖아요! 하고 다짜고짜 짜증을 낸다. 방송에서 우리가 뭐라 했지? 아 경주에 산다고 했지. 그래서 경주제일교회로 전화가 갔구나. 울려 대는 전화벨 소리에 우리도 이렇게 정신이 없는데 경주제일교회는 또 얼마나 정신없을까? 참 미안하기도 하고 고맙기도 했다.

우리 전화번호를 가르쳐줘서 결국에는 전화번호 받아 놓고 다시 전화 주겠다고 하고, 끊고 또 받고 또 받고 이렇게 정말 하루 종일 전화만 받다 시간이 다 갔다. 이런 일이 몇 날 며칠 이어졌다. 일상생활이 안 될 정도로 전화가 울려 대니 자다가도 꿈속에서 전화를 받고 있다. 한글로영어가 뭐냐면요 음냐 음냐. 한글로영어는요 음냐. 어떤 사람은 전화해서 대뜸

어떻게 하는지 좀 알려주세요! 교재가 뭐가 있나요? 교육은 안하시나요? 근데 왜 경주에 사세요, 서울에 안 살고?

네에? 그 말에 순간 난 당장 서울로 가야만 할 것 같았다! 이렇게 질문도 요구사항도 정말 다양했다. 참 놀란 것은 영어에 대한 갈망이 모든 연령대를 초월해서 다 있다는 것이다.

전화 벨소리 쓰나미가 한바탕 휩쓸고 지나간 것 같더니, 결국에는 전국에서 80여명 정도가 내가 있는 경주로 찾아와서 교육을 받기로 결정했다. 내가 어떻게 교육을 해요? 못해요. 절대 안 돼요! 했더니 그냥 하는 방법만 알려주면 된다는 것이다. 그래서 얼떨결에 또 첫 교사연수를 하게 된 것이다. 그냥 집에서 아이들 가르쳤던 그대로 실습시키면서 설명과 함께 가르쳤다.

참나 내가! 중 2때 영어 포기한 내가! 영어가 제일 싫고 못했던 내가! 영어를 가르치다니! 그것도 말로! 하지만 못했던 사람이 못하는 사람의 답답한 심정을 너무나도 잘 알기에 열심히 가르쳤다. 이렇게 재밌고 신기하고 새로운 경험을 즐기고 사는데…

서울로 가자

　　　　　　　　　　새로운 경험들에 푸욱 빠져 사는데, 하루는 남편이 나에게 오더니 할 말이 있다 한다. 왠지 불안하다. 한동안 말을 안 한다. 무슨 말을 하려는 거지? 도리어 내가 더 궁금해진다. 그러다가 이미 결심한 걸 단호하게 말한다.

남편　우리 여기를 떠나자. 여기 그만두고 서울로 가자!

나　　네엣?????!!!!!! 여기를 떠나자고요??!!!!!!

　　순간 심장이 쿵! 또 숨이 탁! 막히더니 한동안 멍 하면서 아무 느낌이 없다. 이게 왠 청천하늘에 날벼락이지? 도대체 이게 무슨 말이야? 그러다가 갑자기 생각이 한꺼번에 막 밀려온다.

나　　갑자기 왜요? 왜 그만둬요? 어디 가서 뭘 하고 살아요?

남편　아니 한글로영어 있고 심신의학 있는데 뭐가 걱정이야?

오히려 걱정하는 나를 이상하게 본다. 남편과 나는 달라도 정말 너무 다르다. 이곳에 사는 게 숨 막혀 죽을 것 같았는데, 그만두고 막상 나가자고 하니 갑자기 바닥 없는 나락으로 순식간에 꺼지는 느낌이다. 나에게는 인생의 지각변동이 일어난 것이다. 난 잠도 안 오고 입맛도 전혀 없고 아무 의욕도 없이 그저 멍 하기만 하다. 두려움에 쩔어서 정말 죽을 것만 같다.

대책 없이 고민만 하고 있는데, 하루는 대학생이 된 우리 딸이 고민만 하는 엄마에게 딱 한마디 하는데, 갑자기 정신이 바짝 난다! 우리 딸은 워낙 말수가 적어서 하는 말마다 할 말만 하는 딸이다. 우리 딸. 내 친구 같은 딸. 지금까지 자기 일을 참 잘 해서 손 댈 게 잔소리할 게 별로 없었다. 그래서 미안할 정도로 관심을 갖지 못했던 딸이 말한다.

딸 엄마 그럼 여기서 평생 살 거야?

한마디 내뱉듯이 툭! 던진다. 남편이 말할 땐 하나도 들리지도 않다가 딸의 한마디가 갑자기 두려움에 떨고 있는 내 정신을 순식간에 확! 깨운다.

나 (속으로)뭐라고? 여기서? 평생을? 여기서 평생을 산다고?

넓은 세상을 꿈꾸다

경주온지 20년째...

갑자기 왜 몸서리가 처지는 것일까? 남편 따라 서울을 떠나서 친척 친구들을 떠나서 낯선 이곳 경주에 와 살면서, 너무 너무 힘들어서 나는 언제 이곳을 떠나려나 늘 생각만 하다가 벌써 20년이나 흘러버렸다. 그런데 나도 참 이상하지. 힘들다고 늘 말은 하면서 과도한 인내심을 가지고 참지 못할 것도 꾸욱 참으면서 적응을 너무 잘 해왔다.

그런데 딸의 말 한마디가 나를 깊게 생각하게 한다. 한 번뿐인 인생인데 내 젊음이 여기서 다 갔는데. 아니! 별로 안 남은 이 꼬트머리 젊은 인생을 여기에다 다 바치라고? 안 떠나고 계속 남아 있으면 내 인생 여기서 이렇게 끝나는 거네. 그럼 나중에 다 늙어서 이곳을 떠나면 어찌 되는 거지?

한글로 5개국어 물려준 엄마 이야기

안 돼! 한 살이라도 더 젊어서 고생하는 게 낫지. 그래!

나가자! 이곳을 떠나자! 모험 한 번 해보는 거야! 더 힘든 일도 이겨냈잖아? 여기보다 더 힘들기야 하겠어? 결심했다. 여기를 떠나기로! 난 생각을 정리하고 결단해서 남편에게 말했다. 떨리지만 확고한 목소리로 말했다.

나   우리 여기를 떠나요!
남편 그래! 정말 잘 결심했어! 아주 잘 했어!

남편은 정말 반가운 듯이 말한다. 그러고는 난 아주 조심스럽게 물어봤다.

나   그럼 이제부터 어떻게 할 거예요…?

이미 남편은 생각을 다 하고 있었다. 오히려 이 일을 즐기고 있는 것 같다. 나만 두려움을 깨고, 스스로 누에고치에서 나와 주기만을 기다리고 있었던 것이다. 남편이 착! 착! 얘기한다. 자기가 서울 근교에 학원 할 장소를 찾아 보겠단다. 이후 남편은 한동안 학원 할 장소를 여기저기 돌아다니면서 물색하더니 결국은 하나를 찾아냈다. 다녀본 중에 여기가 최고란다. 그 중 제일 임대비도 싸고 젊은 사람들이 많고 뜨는 도시란다. 거기가 어딘데요? 기대 반 두려움 반 섞인 목소리로 물었더니, 용인 동백이란다! 정말 처음 들어보는 도시 이름이다.

> 나   네에? 거기가 어딘데요? 월세가 얼만데요?
>
> 남편   관리비까지 다해서 한 달에 이백만 원 정도.
>
> 나   네에?! 학원 차리려면 목돈이 필요할 텐데, 그 돈은 어디서 마련해요?
>
> 남편   대출받으면 돼!

정말 쉽게도 얘기한다. 심장이 멎는다. 순식간에 탁! 떨어진다. 그런데 벌써 계약까지 다하고 왔단다. 대출받아서 목돈 들여 학원 차렸는데 다 까먹으면 우린 어떡하지? 시도 때도 없이 부정적인 생각들이 내 팔다리를 휘감아 친다. 그러다가 또 필사적으로 허우적대면서 간신히 그 생각에서 벗어나온다. 이게 맨땅에 헤딩이라는 건가? 이제 올 게 왔구나.

그런데 그 동네에 아는 사람 하나도 없는데 학생은 또 어떻게 모아요? 또 누구랑 학원에서 가르쳐요? 나 혼자 어떻게 가르쳐요? 한글로영어 가르치는 법 아는 사람이 전혀 없는데요? 또 선생님 월급도

한글로 5개국어 물려준 엄마 이야기

쥐야 되잖아요! 누굴 어떻게 선생님으로 세우냐고요! 아직 한글로
영어가 뭔지 하나도 모를 텐데요!

정말 하나 하나가 다 문제로 다가온다. 지금까지 난 인생을 도
대체 어떻게 살아온 거지? 알 깨고 세상 밖으로 나오기가 이렇게
힘든 것인가? 그냥 시간이 탁! 멈춰버렸으면 좋겠다. 다가오는
문제들에 숨이 막힌다. 그런데 생각지도 않게 하나가 해결이 되
었다.

우물 밖으로

한글로영어는 도대체 될까요? 지금까지 이것 저것 다 해보고 아무리 해도 안 됐는데 이 거 진짜 될까요? 전 학교 다닐 때 영어 밑에 한글 썼다가 선생님한테 무척 혼났거든요. 절대 영어 밑에 한글 쓰면 안 되는 줄 알았는데 한글로영어 라니 너무 기가 막혀요. 별 영어가 다 나와요.

학원 설립

마침 우리 딸이 경주에 내려왔다. 엄맛! 그럼 여기서 평생 살래? 말해줘서 내 정신을 깨워줬던 그 딸이다. 그래. 더 나이 많이 먹어서 고생 하느니 한살이라도 더 젊을 때 고생하자. 그래서 경주를 떠나기로 결심했지. 그런 딸에게 조심스럽게 말했다. 학원 차리면 가르칠 사람이 없는데… 그랬더니 우리 딸이 한 치 주저함도 없이 말한다.

> **딸** 엄마 내가 가르칠 게!
> **나** 네가? 어떻게? 학교는 어떡하고?
> **딸** 휴학.
> **나** 뭐어? 휴학을 한다고?

도와준다 하니 맘 든든하고 좋은데, 휴학을 한다고 하니 맘이 먹먹해진다. 그냥 아무 말도 못하겠다. 아 왜 이렇게 미안한지.

근데 왜 이렇게 고마운지. 딸은 그 동안 나를 도와 가르쳤던 경험이 많이 있어서 애들 가르치고 다루는 건 정말 잘했다. 우리가 눈물 나게 힘들 때마다 인생의 태풍이 불어 닥칠 때마다 그 어려움을 늘 같이 겪어왔던 딸이다. 그런 딸 때문에 제일 큰 산을 넘은 것 같다.

본격적으로 학원 차리기 위한 절차를 밟기 시작했다. 다행히도 누가 우리에게는 엄청 큰 가치의 정보를 준다. 먼저 학원부터 차려 놓고 교회를 하라고 교회부터 차려 놓으면 학원이고 뭐고 아무것도 못한다고. 아 진짜 큰일 날 뻔했다!

교육청에 갔다. 사람들이 제법 많다. 다들 경험이 많으니 착착 진행하고 간다. 나는 모든 게 새롭고 다 처음이다. 그런데 돈이 이렇게 많이 들고 까다로운 건지 몰랐다. 무슨 학원 할 거냐고 물어서 영어 학원 할 거라고 하니까 원어민 쓸 건지를 먼저 묻는다. 영어학원은 전공 필요 없이 누구나 가르칠 수 있어 자격은 되는데, 원어민을 쓰면 쓰는 만큼 원비를 시간당 계산해서 더 받을 수 있단다.

중국어도 같이 가르치면요? 물었더니 그럼 어학원을 내야 한단다! 네에? 어학원을요? 어학원은 또 뭐지? 기가 죽어 조심스럽게 이것저것 궁금한 걸 물어봤다. 설명 들어보니 어학원은 영어 중국어 두 개 이상 언어를 가르치려면 어학원을 내야하고 거

기에 맞게 시설을 하려면 시설비만 해도 제대로 하려면 억이 넘는 돈이 들어 간다. 지금 우리 형편에 엄두조차 낼 수가 없다.

그런데 더 겁나는 말을 한다. 이런 규정을 무시하고 어기면 학파라치에 걸릴 수 있고, 걸리면 벌금을 수백만 원 물어야 한단다. 학파라치들은 더 학부모답게 와서 전문적으로 꼬치꼬치 캐묻는데 녹음기도 교묘하게 숨겨 와서 녹음해 간단다. 학, 학파라치요? 무슨 공포영화에 나오는 괴물같이 오싹한 느낌이 든다. 깊은 좌절감이 느껴진다. 한글로영어의 큰 장점이 바로 영어와 중국어를 같이 가르칠 수 있는 건데, 그래서 학생도 많이 모으려고 했는데. 그 때 처음 알았다. 세계로 나가야하는 이 글로벌 시대

우물 밖으로 〜〜〜〜 169

에 이 땅의 아이들은 한 곳에서 영어와 중국어 같이 배운다는 게 불가능하다는 걸.

학원은 복도가 있어야 하고, 교실은 2개 이상은 돼야 하고, 소방시설은 완벽하게 돼있어야 하고, 생각지도 않았던 돈들이 자꾸자꾸 나가고. 으악 그냥 확! 포기하고 싶다. 그렇다고 지금은 뒤로 물러설 수도 없고, 홍해바다가 갈라지는 기적은 나에게 절대로 일어날 리 없고, 현실의 칼바람은 여전히 불어 치고 있고, 여기 가서 이 서류 떼고, 저기 가서 저 서류 떼고, 서류 잘못 떼서 다시 가서 떼고.

에휴! 그럭저럭 하라는 대로 다 했다. 이제는 제일 중요한 게 남았다. 이 모든 과정은 바로 이걸 위해 존재한다.

한글로 5개국어 물려준 엄마 이야기

열 배 더 힘든 학생모집

.

지금까지 투자한 모든 수고와 비용은 전부다 이걸 위해 존재한다. 바로! 수강생을 모으는 것이다. 많이 모을수록 우린 매달 학원 운영이 되고, 온 식구의 생활비도 벌 수 있다. 그런데 만약 아이들이 한 명도 없다면? 아 생각만 해도 끔찍하다. 생존을 위한 노력! 해야만 한다. 이젠 뒤로 물러설 수도 없다.

그런데 어떻게 아이들을 모으지? 인테리어도 돈 들여 나름 깔끔하게 했지만, 아이들이 없으면 무슨 소용인가? 아하! 이래서 광고들을 하는 거구나. 그래서 또! 거금 들여 광고를 대대적으로 했다. 팜플렛을 세련되게 만들어서 엄청나게 인쇄도 했다. 다음엔 또 각종 신문에 끼워서 주변 일대에 몇 날 며칠을 어마어마하게 뿌렸다.

걱정된다 진짜. 누가 우리 광고지를 볼까? 사실 나도 신문에 끼여 온 광고지는 귀찮아서 보지도 않고 그냥 버렸는데. 과연 설명회에 엄마들이 얼마나 올까? 괜히 한글로영어 라고 너무 솔직히 이름을 붙였나? 아 누가 이 세상에 화려하지 않고 솔직한 걸 믿어줄까? 미국에 유명한 대학 이름 갖다 붙이고, 영어도 좀 그럴싸하게 들어가고, 보자마자 엄마들이 기가 죽고 호기심 당기는 브랜드를 달았어야 한 거 아냐? 이게 뭐야? 한글로영어라니 촌스럽게. 정말 심히 걱정된다.

그런데 광고지가 사무실에 아직도 산더미다! 오다가다 볼 때마다 걸리적거린다. 내 성격에 못 참겠다. 안 되겠다 발로 뛰는 수밖에. 광고지 들고 거리로 나가자! 근데 어디로 가지? 어디로 가야 사람들이 많을까? 아니 어디에 엄마들이 많을까? 사거리, 횡단보도, 마켓 앞 등등 지나가는 사람들에게 한 장씩 주었다. 진짜 왜 이렇게 낯설고 창피하고 쑥스러운지, 또 오십 앞둔 나이에 전단지 건네 주는 것 자체가 왜 이렇게 엄청난 용기가 필요한지. 난 용기를 쥐어짜내서 줬는데 받는 사람은 받자마자 쓰레기통에 버린다. 히잉 눈물 난다! 또 대부분 사람들은 아무 생각 없이 내 얼굴 한 번 보고 귀찮다는 듯이 받지도 않고 가버린다. 얼굴이 화끈거린다. 쥐구멍 있으면 들어가고 싶을 정도다. 그래도 매일 매일 거리로 나갔다. 아 정말 힘들다. 나만 힘들게 사는 것 같다. 남들은 다 잘 살고 있는 것 같은데, 세상에 그냥 되고 저절로 되는 게 하나도 없네.

한글로 5개국어 물려준 엄마 이야기

휘영~

　그런데 휴학을 하고 와서 나를 도와주고 있는 딸이 또 나를 눈물 나게 만든다. 저녁마다 전단지에 테이프를 미리 붙여 놓고 아침마다 일찍 일어나 운동화 끈 질끈 매고 운동하러 나간다. 그러면서 전단지를 붙이러 다닌다. 오늘은 이쪽 내일은 저쪽. 이제는 밤에도 운동하러 나간다. 오늘은 저쪽 내일은 이쪽. 붙인데 또 붙이고. 나도 같이 붙이러 다니고. 우리 남편도 내가 보기에 딱할 정도로 여기저기 매일 마다 뛰어다닌다. 내 짜증 성질 다 받으면서 참아내면서 일을 한다. 그때 우리는 정말 부부싸움도 하루가 멀다 하고 했다.

　그러던 어느 날…

TV에 나온 분 아니세요?

전단지 들고 길에 서서 나눠주는 일도 계속 하니까 창피하고 어색한 일도 점점 익숙해지면서 자연스러워지네? 그러던 어느 날 횡단보도 앞에서 전단지를 나눠주고 있는데, 한 젊은 엄마가 전단지를 받고는 고맙게도 이게 뭔가? 하는 호기심으로 읽으면서 가더니 갑자기 선다! 그러더니 뒤돌아서 나를 향해 걸어온다. 엥? 왜 그러지? 철렁~!

행인 혹시 경주에 사는 한글로영어 하는 사모님 아니세요? TV에서 봤는데 갑자기 여기는 웬일이세요?
나 네… 맞아요… 어… 그게… 그렇게 됐어요.

난처해서 다 설명할 수 없어서 쭈뼛쭈뼛 머뭇거리고 있는데

행인 아니 사모님! 용인은 어떻게 오게 되신 거예요? 누구 아는 사

한글로 5개국어 물려준 엄마 이야기

람이라도 있어서 온 거예요?

나 (속으로) 아뇨. 나도 왜 여기를 왔는지 모르겠어요!

행인 아니 그 때 TV에서 너무 잘 봤어요! 기적의 한글영어 책도 사서 읽었어요. 설명회 때 언니랑 꼭 같이 갈게요!

하고 정답게 인사하고 간다. 휴 반가운데 슬프다.

이렇게 시작해서 설명회하기 전부터 엄마들이 애들 데리고 상담하러 온다. 옆집 엄마들도 같이 온다. 호기심에도 온다. 한글로 영어가 뭔지 설명회 한다는 광고 전단지를 보고 엄마들이 제법 많이 찾아와서 강의를 듣는다. 예전에 대구에서 엄마들 앞에서 강의 한번 힘들게 한 것이 지금 이렇게 도움이 될 줄 누가 알았겠으랴? 엄마가 듣고 나서는 자녀를 데리고 온다. 애들이 점점 들어오니까 와 신난다! 오전엔 엄마반도 만들었다. 영어에 한이 맺힌 엄마들. 당장 영어가 급한 엄마들. 자기 계발을 하는 엄마들.

그런데 하루는 한 엄마가 딸을 데리고 왔다. 이 엄마도 TV에서 나를 봤단다. 그런데 딸이 학원 문턱을 안 넘으려고 발버둥친다. 얼굴은 극도로 화가 나서 붉으락푸르락, 눈에 불을 켜고 큰소리로 고래고래 고함친다.

나 영어하기 싫단 말야! 영어하기 싫다고! 싫단 말야!!

엄마는 힘껏 잡아 끌고 딸은 눈물까지 흘리면서 양손으로 문기둥을 꽉 붙잡고 힘껏 버티면서 들어오지 않으려 한다. 너무 힘을 써서 얼굴까지 뻘개지고 땀까지 흘린다. 그 와중에 순간 나와 눈이 마주쳤는데 아이 눈에 이글거리는 동물적 적개심에 흠칫했다. 그 처절한 거부감에 난 너무 놀랐다. 이제 초등 1학년인 애가 왜 이렇게 됐지? 너무 불쌍하고 측은했다. 그 상황을 보고 내가 정리해 줘야겠다 싶었다.

한글로 5개국어 물려준 엄마 이야기

괜찮아~ 영어 안 배워도 돼~ 언니 하는 거 옆에서 구경만 해.

안심이 됐는지 화가 좀 풀린 것 같다. 간신이 학원 안으로 들어왔는데 영어 시킬까 봐 바짝 긴장한다. 그러더니 옆에서 다른 언니가 하는 걸 보더니 경계심이 약간 풀어지더니 조금 관심을 보인다. 그래도 무관심한 척하다가 한참 후에 슬쩍 물었다.

너도 한번 읽어 볼래? 걍 한글만 읽어.

내가 뜻을 실감나게 읽어주니까, 그대로 연기력 있게 한글로 영어를 실감나게 읽는다! 금세 무척 재밌어 한다!

봐~ 한글만 읽을 줄 알면 돼~ 너무 쉽지? 이야기도 재밌잖아!

이리하여 이 아이가 시작하더니 학원에 오는 걸 재밌어 한다. 또 올 때마다 내게 살갑게 안긴다. 선생니임~~♥. 와우 또 너무 잘한다. 역시 아이들의 미래는 확실히 엄마가 결정하는 거야!
아이들이 점점 늘어난다. 소문 듣고 여기저기서 온다. 멀리서 엄마들이 차 태워 온다. 이 사정 저 사정으로 아이들이 들어온다. 역시 옆집 엄마 소식 듣고 엄마들이 찾아온다.

한 3개월 정도 지나자 학생들이 어느덧 40명 가까이 되어간다. 그래도 여전히 딸은 새벽마다 전단지 들고 운동하러 나간다. 역시 광고하고 발로 뛴 보람이 있네. 처음에는 일대일로 한 명 한 명씩 가르쳤다. 딸하고 둘이서 열심히 가르쳤다. 이제 학원 운영하는 데는 걱정이 없어졌다! 그런데 예상치도 않았던 일로 학생 수가 더 늘어났다!

한글로 5개국어 물려준 엄마 이야기

자신감을 찾는 아이들

하루는 이미 딸과 함께 한글로영어 진하게 맛보고 딸이 영어를 너무 재미있어 한다고 좋아했던 엄마가 상담하러 왔다.

그 엄마의 딸이 유치원 때 운동회를 했는데 계주 달리기에 선수로 나갔단다. 그런데 자기에게 달려오는 아이를 보고 있다가 바톤을 받고는 뒤돌아서 앞으로 달려 나가야 하는데 달려오는 아이의 방향으로 쌩~ 달려 나갔단다. 그 돌발상황을 지켜본 부모님들과 아이들이 저 아이 좀 보라고 손으로 가리키면서 일제히 크게 웃었단다! 유치원 아이의 실수가 얼마나 귀여워겠는가? 그런데 그 아이는 자기가 잘못해서 어른들이 자기를 비웃고 손가락질한다고 생각한 것이다. 또 자기 때문에 자기 팀이 져서 애들도 자기를 놀린다고 생각한 것이다. 그게 씻을 수 없는 상처가 된 것이다.

그 때 이후로 딸은 밖으로 잘 안 나오려고 하고 인사도 안하

고 고개 숙이고 홱! 지나쳐가고 학교에서 수업시간에 발표하겠
다고 손을 들지도 않고 사람들 앞에 절대로 나서려 하지 않고 갈
수록 말수도 줄고 우울해하고. 그게 아니라고 네가 귀여워서 그
런 거라고 아무리 설명해주고 설득해도 아무 소용이 없었단다.
그래서 그 아이가 말이 없었고 항상 머리를 숙이고 있었구나. 그
이유를 이제야 알게 되었다. 그걸 지켜본 엄마로서 얼마나 속이
타고 힘들었겠는가?

그랬던 아이가 한글로영어 하면서 교재 속에 나오는 이야기
들에 위로 받고 자신감을 얻은 것이다! 이제는 인사도 하고 재밌
어 하고 웃고 자신감도 많이 생겼단다. 그래서 한글로영어를 계

서서히
자신감듬뿍~

한글로 5개국어 물려준 엄마 이야기

속 시키고 싶단다. 문제는 일주일에 3일은 와야 하는데 학원에 오는 거리가 한 시간 넘게 걸린다. 그래서 엄마가 늘 태워 와야 하는데 하실 수 있겠냐고 물었다. 영어가 되고 또 아이의 치유에도 도움이 된다면 뭐든지 하겠단다. 수업은 물론 숙제도 어쩜 그렇게 잘 하는지! 이렇게 재능 있고 똘똘한 아이가 그 동안 얼마나 힘들었을까? 머리가 너무 좋아서 어려도 생각이 너무 많았나? 모든 학생이 다 이 아이만 같았으면 좋겠다. 엄마도 성실하게 태워오고 아이도 성실하게 잘 따라 주니 잘 할 수밖에!

하루는 다른 엄마가 와서 신나서 말한다. 사실 우리 아이를 원어민 화상영어를 시키고 있었어요. 옆에서 살짝 표시 안 나게 지켜보았는데 예스! 노! 만 말하고 싱겁게 끝나고 재미없어 했거든요? 그런데 이제는 웃으면서 긴 대화도 주고받아요. 정말 신기해요! 그래서 또 그 아이를 아는 주변 엄마들이 그 아이의 변화된 모습에 놀라워서 한글로영어 배우겠다고 해서 아이들이 많이 늘었다.

그런데 하아………. 아주 심각한 고민이 생겼지 말입니다.

학원 딜레마

한 명씩 일대일로 가르치다가 아이들이 많아지면서 그룹으로 가르쳤다. 그랬더니 매일 만나서 같은 걸 늘 반복하다 보니 너무 편해지면서 좀 지루해진다. 아무리 재밌는 것도 매일 하면 슬럼프가 온다. 그래서 나름 재밌게 하려고 무지 애를 쓴다.

권태기가 올 무렵, 어느 날 한 그룹의 아이들이 좀 일찍 와서 수업 전까지 자기들끼리 떠들면서 말한다. 그중 한 아이가 말한다. 일부러 나 들으라고 말하는 것 같다.

학생1 야! 아휴 짱나! 이번 시험 성적 떨어졌어. 우리 이 학원 끊고 다른 학원으로 갈까?

그랬더니 여러 명이 신난다는 듯이 덩달아 말한다.

학생2 야 저쪽에 학원이 새로 생겼는데 게임도 많이 하고 재밌데!
시설도 좋은데 피자 치킨 파티도 자주 한데. 우리도 그 학원 갈까?

학생3 오 좋다. 그런데 엄마한테 뭐라 하지?

학생1 야 성적 떨어졌다 하면 직빵이야! 걍 재미없어서 공부하기 싫
다고 말해~

그 얘기를 듣고 있는데 내
마음이 절벽 아래로 사정없이
곤두박질친다. 순간 어쩌지 저
애들 다 끊으면? 당장 돈이 얼
마지? 큰일 났다! 어떡해야 하
지? 저 아이들 비위를 맞춰야
하나? 읽기를 줄여줄까? 열 번
읽을 걸 일곱 번으로 줄이면
제일 좋은 건 결국 나잖아. 애

아휴, 장나~
다른학원에 갈까봐!

들도 좋아하고 적당히 한들 당장에 표도 안 나는데 뭐. 어쩌지?
어떡해야 하나? 깊은 고민에 빠졌다. 진짜 겁이 덜컥 난다. 저 아
이들이 당장 다 끊을까 봐. 그런데 다행히도 끊지는 않는다.

그런데 늘 선동하는 그 아이는 반복해서 읽다가 좀 힘들고 입
도 목도 아파서 읽기 싫어 지면 또 선동하고 또 하고 또 그럴 때

마다 수업 분위기를 망친다. 하루는 그 아이가 또 선생님?! 하고 부른다. 그 소리에 내 온몸이 순식간에 얼음이 되더니 숨이 멎을 것 같다.

여기는 수업료가 얼마예요? 여기 월세가 얼마예요?
이 학원 애들 몇 명 가르쳐요? 우리 빠지면 힘들어지겠네.

아무 말도 못 하겠다. 내 속을 다 들킨 것 같다. 묻는 아이는 아무렇지 않은데 내가 왜 이리 급 당황이 되지? 더 이상 수업이 안 된다. 수업할 의욕이 안 생긴다. 나는 자꾸 아이들 눈치만 본다. 애들이 내 처지를 다 꿰고 있는 것 같다. 하아 난 뭐지? 나 선생님 맞나? 애들 눈에 난 선생님으로 보일까? 난 성적 올려줘야 하는 기계인가? 학원 와서 공부하긴 싫어하고 성적은 올리고 싶어 하고, 학원 차려서 이제 좀 먹고 살긴 하지만 이럴 땐 대체 어떻게 대처해야 하지? 편하게 재미로 갈까? 애들 비위 맞춰주고?

사실 도시 아이들도 참 안됐더라. 기본 학원 두개 이상 다니느라. 학교에서 공부하고 또 이 학원에서 공부하고 또 저 학원에서 공부하고. 그렇게 학원 너무 많이 다녀 끊을 데를 하나 고르면 학교뿐이란다. 이 학원에서 길어지면 저 학원에 늦을까 봐 걱정되고 우리 학원에서 공부하고 있으면서 마음은 이미 다음 학원

한글로 5개국어 물려준 엄마 이야기

에 가 있어서 집중 못하고 이 학원 저 학원 그 많은 숙제 다 못하면 일부러 아프다고 연기하며 빠지고 이건 아무리 생각해도 공부가 아니다. 또 아이들은 학원 옮길 때마다 엄마에게 보고해야 하고 이럴 거면 도대체 학원은 왜 다니는 걸까? 도대체 애들이 스스로 할 줄 아는 게 뭘까? 도대체 엄마들은 애들을 왜 학원 보내는 거지? 공부 더 잘하게 하려고 보내는 게 맞나?

하아! 정말 안 가르치고 싶다. 오로지 성적 때문인가? 아 본질이 흔들린다. 안 되겠다. 그 아이를 맘먹고 원장실로 불렀다. 조용히 그러나 단호하게 눈을 똑바로 쳐다보고 선생님으로서 어른으로서 또 이 아이가 내 아들이라면 하는 생각으로 진심으로 그리고 아주 단호하게 말했다. 그리고 나서 끝으로 나도 너를 정말 가르치고 싶지 않다. 그러니 다른 학원으로 가! 라고 말했다. 말하고 나니 속이 다 시원하다. 왠지 뿌듯한 느낌마저 든다. 어른의 역할을 한 느낌도 들었다.

하지만 어쩌나? 내가 그 애를 가르치고 싶은 의욕도 꺾어져버렸다. 아 힘들어도 가르치는 보람이 있었는데. 피할 수 없는 이 현실. 갈수록 스트레스 받는 이 현실. 그런데 영원히 계속될 것 같은 이 현실! 이 땅의 학원 선생님들 정말 고생 많다 싶다!

집 없는 설움

　　　　　　　　　　　전화벨 소리에 잠을 깼다. 여보세
요? 했더니 다급한 목소리가 들려온다.

선생님　범석이 담임인데요. 곧 첫번째 시험 시작인데 범석이가 아직
안 와서요!

나　　　네엣???

다급하게 끊고는 바로 딸에게 전화했다.

　사실 그때 우리는 학원에다 먼저 투자해서 당장 집 구할 돈
이 없었다. 그래서 학원 사무실에서 온 식구가 접이용 침대를 깔
고 자고, 또 학원 뒤에 베란다에 주방 시설을 해놓고 밥을 해먹
었다. 그리고 금요일에 학원 마치면 용인에서 경주로 내려갔다.
남편이 목사라 일요일에 예배를 드려주고 마치면 다시 용인으로
올라왔다. 그렇게 6개월 매주 경주와 용인을 오갔다. 거의 네다

　　　　　　　　　　　　　　　　한글로 5개국어 물려준 엄마 이야기

섯 시간 걸리는데, 그때 상황이 너무 힘들고 우울하다 보니, 누구 하나 차 안에서 말을 한마디도 꺼내지 않는다. 어떻게 그 생활을 온가족이 다 견뎌냈는지.

그런 중간에 아들이 미국 유학 마치고 돌아온 것이다. 유학 갈 때는 경주였는데 끝나고 오니 용인이다. 이럴 땐 기숙사 들어가면 좋은데, 이제 막 전학 온 아이는 시험 봐서 성적이 좋아야 기숙사 들어갈 자격이 주어진다. 그래서 이번 시험이 우리에게는 너무 중요했다. 이때 우리 딸이 대학 휴학하고 와서 엄마를 도와 선생님 하면서 아침잠 많은 엄마대신 새벽마다 동생을 깨워서 아침밥 먹여 학교 보내는 일을 했다.

그런데 날씨가 점점 추워진다. 난 추위를 너무 잘 탄다. 정말 추운 게 제일 싫다. 그런데 때 마침 한 엄마가 있었는데, 참 마음 따뜻하고 정이 많아 친구같이 내 마음이 갔던 엄마였다. 그 엄마가 오전반에 영어 수업을 들었다. 그 엄마가 얘기 중에 옆에 찜질방에 이벤트 행사로 무지 싸게 티켓을 판다고 말해준다. 그 말을 듣고 바로 찜질방 티켓을 다발로 사서 추위 많이 타는 나만 찜질방에서 잤다. 조용한 곳에 자리 잡고 누웠는데 왜 이렇게 눈물이 나는지 자꾸만 눈물이 난다. 옆 사람 볼까 창피해서 수건으로 얼굴을 덮어버렸다. 뜨거운 눈물이 얼굴을 타고 하염없이 흐른다. 많은 밤을 그렇게 울다가 잠이 든다.

　그런 어느 날 아침, 아들 담임 선생님으로부터 전화가 온 것이다. 시험인데 아직도 아들이 안 왔다고. 깜짝 놀라 바로 딸한테 전화했다! 동생 깨워 놓고 깜빡 잠들었단다. 둘 다 마냥 잔 것이다. 아들은 순간 벌떡 일어나 옷 입으면서 급히 달려나가 택시 타고 학교로 갔다. 내가 사무실에 가보니 아들은 떠났고 딸은 혼자 울고 있다. 안아주고 괜찮다 해도 계속 운다. 딸과 둘이 조용히 앉아서 그냥 기도만 했다.

　첫 시험 끝나고 아들로부터 전화가 왔다. 우리가 너무 걱정할까 봐 다행히 교통이 밀리지 않아 예상보다 빨리 학교에 갔는데, 교실이 하필 3층에 있어 필사적으로 달려 올라가 교실에 도착하니 시험 시간이 벌써 20분이나 흘렀단다. 앉자마자 정신없이 시험을 보았단다. 첫 시험이 끝나자마자 친구들이 주위에 몰려들어 걱정하면서 어떻게 봤냐고 묻더란다. 그래서 친구들과 같이 시험지 답을 맞춰봤는데 세상에.

　　　　　　　　　　　　한글로 5개국어 물려준 엄마 이야기

고등학교 가서
빛을 발하는 아들

시험 끝나고 친구들이 걱정 반, 은근 호기심 반 순식간에 아들 주변에 몰려들더니, 시험 어떻게 봤냐고 너도 나도 물어서, 친구들로 빙~ 둘러싸인 가운데 답을 같이 맞췄다.

친구1 이럴 수가 다 맞았네!

친구2 뭐라고? 다 맞았다고? 어떻게 그럴 수가! 야 임마!

친구들이 부러움에 장난치면서 너도나도 달려들어 막 때리더란다. 아! 이렇게 행복할 수가. 이것 뿐인가? 다른 시험도 다 잘 봤다! 그래서 아들이 드디어 기숙사에 입성했다. 그간 집이 없었던 우리는 얼마나 기뻤는지. 이제 아들은 따뜻한 기숙사에 들어가 공부도 집중해서 할 수 있고 더 이상 추운 사무실 접이 침대에서 안 자도 된다.

　그런데 이 아들이 기숙사 들어가더니 왜 이렇게 열심히 공부를 하지? 기숙사 사감선생님이 잘 시간이 되면 불 끄라고 순시를 하는 시간이 있는데 그 때는 누구나 다 불 끄고 자야 한다. 그럼 순시 끝날 때까지 조용히 누워 있다가 가고 나면 다시 일어나 깊은 새벽까지 공부한다는 것이다. 영어는 이미 너무 잘 하니 남들 영어 공부할 때 수학 공부하고 친구들이 안 쓰는 비싼 인강은 아들이 얻어서 다 듣는다. 이게 무슨 말이냐면 공부에 도움을 주기 위해서 엄마들이 좋다는 인터넷 강의, 무지 비싼 인강을 신청해 주는데 그런데 친구들이 조금 듣고는 안 듣는다는 것이다.

　사실 난 초등학교 때 전교 꼴등 했던 아들, 학원에 돈 내도 등록부터 거부당했던 우리 아들을 어떻게 해야 하나 깊이 고민하

　　　　　　　　　　한글로 5개국어 물려준 엄마 이야기

다가 한 학습 방법을 개발했다. 바로 우리 남편의 공부방법을 그대로 본뜬 것이다.

남편은 책을 너무 좋아해서 책도 엄청 사고 엄청 읽는다. 그래서 의대교수도 되었고 생로병사에도 출연했고 책도 두 권 썼다. 『암~ 마음을 풀어야 낫지』와 『의사예수』. 남편은 책을 읽고 난 후 종종 나에게 책 내용을 말해준다. 나는 들으면서 질문도 하고 자연스럽게 토론이 되고 새로운 지식 쌓고 나도 강의하면서 써 먹고.

그 방법 그대로 아들에게도 적용한 것이다. 아들이 선생님이 되게 했다. 어차피 선생님도 책 보고 공부해서 아이들 가르치는 거니까. 내가 책 읽고 아들을 직접 가르치는 건 불가능하니까, 그냥 바로 아들이 책 읽고 나를 가르치게 하자. 나는 그냥 잘 들어주고 질문만 하면 되잖아? 그래서 아들에게 책도 직접 사라고 했고, 그 책을 읽고 나면 나를 가르치라 했다. 말이 너무 어려우면 다시 읽고 와서 쉽게 설명해 달라고 했다. 말하다 막히면 자기가 다시 가서 또 읽는다. 아들이 지가 공부한 것을 차근차근 설명할 때 잠시 한눈이라도 팔면 엄마! 잘 듣고 있는 거야? 큰소리 친다. 엄마 한번 잘 들어봐 봐? 자기가 좋아하는 과학책을 또 열심히 읽고는 헐레벌떡 와서 나를 가르친다.

또 누나가 하는 대로 배운다. 누나는 공부를 참 효율적으로 잘

했다. 시험 때만 밤새워서 혼자 공부해도 전교 상위권에 들어갔다. 그걸 옆에서 보더니 시험 때는 밤새며 공부해야 되는 것이 당연한 거라 생각하고 있었단다. 성적이 오르면 자기들이 나보다 더 좋아한다.

이런 세월이 쌓여서 아들도 고등학교를 가더니 빛을 발한다. 다른 애들은 공부와 학원에 지칠 대로 지쳐 있는데, 아들은 그제서야 공부에 재미를 붙인다. 이제 와서 왜 자기에게 수학을 안 가르쳤냐고 한다. 세상에~ 지가 안 했으면서! 화학 선생님이 네가 나보다 더 잘 한다고 칭찬한다. 네가 나 대신 가르쳐도 되겠다고 한다. 기숙사 사감선생님이 애들이 다 너 같았으면 좋겠다 한다! 이보다 더 좋은 칭찬이 어디 있단 말인가? 공부 잘 한다는 칭찬보다 더 좋다. 이게 자식이 주는 힘인가? 힘들어도 기운이 난다. 힘들어도 참을 수 있다!

우리 딸은 분명 자기가 더 힘들텐데 동생도 챙기고 엄마까지 챙긴다. 그 극도로 힘든 상황에 즐길 줄도 알게 해 준다. 빔프로젝트로 학원을 영화관처럼 근사하게 만들어주고, 좋은 것을 찾아내서 같이 해주고, 나를 하루하루 견디게 해준다! 좋은 것만 해줘도 모자란데, 이렇게 고생을 시키니 딸을 향한 내 맘이 참 애처롭다. 그런데 드디어…!

한글로 5개국어 물려준 엄마 이야기

겨우 살 집을 찾다

　　　　　　　우리가 용인에서 학원을 하는 동안 남편이 발바닥 불 나도록 다니고 다녀서 결국 찾아냈다. 드디어 우리가 살 집을!

　하루는 남편이 들어오더니 기가 막힌 데를 찾았다고 신나서 말한다. 암 프로그램 하기에도 좋고 살기도 너무 좋고 가격도 시세에 비해 아주 싸다고! 얼른 같이 가보자고 한다. 그 당시 나는 무슨 말을 들어도 신나지가 않았다. 아무리 웃긴 말을 들어도 웃기지가 않았다. 싸다는 말에 끌려 마지못해 따라갔는데 이야! 마을 들어가는 길목에는 아름드리나무가 양쪽에 줄지어 공손히 서서 어서 오세요 하고 인사하는 것 같다. 또 마을 뒷산에는 명상하면서 동시에 운동하고 산책하기에도 딱 좋은 아주 기가 막힌 곳이 있다. 이렇게 멋진 장소가 여기 숨어있다니! 뜻밖에 보물을 찾은 것 같다.

　사실 남편은 제법 세간에 알려진 암 프로그램 전문가였다. 카톨릭 성모병원에서 심신의학 교수로 활동했고 여러 의대에서도 교수로 활동하고 있었다. 책도 두 권 쓰고 생로병사에도 몇 번 출연했다. 또 KBS 라디오 건강프로에 고정 출연도 했기에 소문 듣고 책 읽고 묻고 물어 힘들게 찾아오는 암 환우들이 제법 많았다. 그래서 그들과 함께 숙식하면서 심신의학 교육 프로그램을 하기 위한 적당한 장소를 한참 찾아 다니고 있었는데, 백방으로 다니다 보니 이보다 더 좋은 장소가 없다는 걸 바로 알았다.

우리는 좀 무리해서 이 곳에 넓은 평수의 집으로 구했다. 드디어 우리 집이 생긴 것이다. 그 동안 사택에서만 살아와서 집에 대한 아쉬움도 모르고 살았는데, 드디어 우리 힘으로 마련한 집이 생긴 것이다. 학원도 안정되어 가고 집도 생기고 조금씩 모든 일이 잡혀갔다. 암 프로그램 하려고 리모델링도 깔끔하게 했다. 그때 은행 대출 이자가 7.8프로였지만, 나름 확실한 희망이 있었기에 좀 무리하게 수억 대출을 받아서 이 모든 것을 진행했다.

그런데 마을에서 난리가 났다. 암 프로그램 하기만 하면 절대 가만 안 둔다고! 온 마을 사람들 다 몰려와서 못하게 방해할 거라 엄포를 놓는다. 이유는 암환자들 모습이 보기가 안 좋고 그러면 동네 집값 떨어진다는 것. 사실 그 마을은 장소가 좋은 만큼 비싼 전원주택 마을로 이미 알려진 곳이었다. 남편은 이미 집 계약 전부터 병원에서도 포기한 암 환우들과 함께 근처 펜션 하나

를 빌려 같이 지내고 있었다. 또 아주 가깝고 젊은 친척 한 분도 유명한 암 병원에서도 포기할 정도로 아주 짧은 시한부 인생을 선고받고 우리와 함께 살고 있었다. 나도 그때 정말 힘들었지만 그 분들의 처절한 상황을 보고 내 처지도 감사하며 이겨낼 정도였다. 그리고 감사하게도 정말 기적 같은 결과가 많이 만들어졌었다. 그분들과 함께 식이요법도 하고 심신의학 강의도 들으면서 뒷산으로 운동을 자주 나갔다. 독한 항암치료를 거듭하다 보니 머리가 다 빠지고 살도 빠지고 기운도 다 빠진 사람들이 마을을 왔다 갔다 하니 많이 거슬렸나 보다.

하아! 또 좌절에 부딪혔다. 대출도 엄청 받아서 매달 이자만 해도 어마어마한데 애써 준비한 프로그램 당장 그만 두라 하니 이를 어쩌란 말인가? 그런데도 남편은 태평하다. 신기하다 정말! 걱정 자체를 안 한다. 하지 말라면 하지 말지 뭐 이런다. 하아. 그래서 이렇게 암 프로그램을 접었다.

그 당시에는 아주 막연하고 불안한 미래였다. 나름 확실하다고 생각한 희망 끄나풀 딱 한 가닥 잡고 미래를 꿈꾸면서 하루하루 힘겹게 이겨 나가고 있었는데… 시간이 흘러 막막했던 미래가 뚜렷한 현재가 되어버린 지금, 과거로 돌아가 보면 그리 걱정할 필요가 정말 하나도 없었다. 오히려 기를 쓰고 반대해 준 마을 주민들이 너무 고마운 건데! 그 때 난 왜 그렇게 원망스럽고 좌절했는지. 그 때 암 프로그램이 주민들 반대 없이 순조롭게 진행되었다면, 지금의 한글로영어는 안 나왔을 것이고, 난 학원에서 애들과 아직까지 씨름하며 가르치고 있겠지.

그런데 하루는 남편이 나에게 엄청난 제안을 한다.

교재로 만들자

집과 학원을 왔다 갔다 하면서, 날마다 다람쥐 쳇바퀴 돌 듯 또 하루 하루를 똑같은 일들을 반복하면서 살아가고 있는 어느 날이었다. 남편이 자주 서울을 왔다 갔다 하더니, 하루는 나에게 사업을 하자고 엄청난 제안을 한다.

사업을요? 누가요? 우리가요? 참나 사업을 아무나 하나?
지금 학원도 힘에 겨운데 말도 안돼요.

하며 웃어넘겼다. 나에게 사업이란 먼 나라 이웃나라 말이지 절대! 내 이야기가 아니라고 진리처럼 믿고 살아왔기 때문이다. 살림만 하던 주부가 지금 용인에서 학원 원장 하는 것도 대단한 건데 내가 무슨 사업을 해.

그랬더니 남편이 진지하게 제안한다. 지금까지 애들 가르치기 위해 만들어왔던 교재들을 책으로 만들자고. 다 만들면 신문에 광고 내서 사람들 모아 강의도 하고 책도 팔고 교육도 하자고 한다. 이야기 책들과 단어장들을 책으로 만든다고? 파닉스도? 내가 이 책들을 어떻게 만들었는데! 하루아침에 뚝딱 나온 게 아닌데. 오랜 시간 공들이면서 어떻게 하면 내 아이들을 좀 더 재밌게 가르치고 실력 있게 키울까? 이 고민 저 고민하고 고생하면서 만들었고 대대손손 내 자손들에게 물려주려고 만들었기에 아깝다는 느낌이 드는 찰나! 남편이 그 생각을 안다는 듯이 한마디 내뱉는다.

안 쓰면 똥 돼!

아 그 한마디에 내 고집과 내 생각이 완전 산산조각 박살났다. 그렇지. 안 쓰면 똥 되네. 나 혼자 갖고 있음 뭐 하겠어? 남들도 잘 써야 좋은 거지. 좋아. 책으로 만들 수는 있어. 그런데 우리가 사업을 한다고?

에이, 난 못해요!

그랬더니 남편이 난 강의만 하면 된다고 한다. 강의 자료도 다 자기가 만들어주고 나머지는 다 자기가 알아서 할 테니 걱정하지 말고 자기만 믿으라 한다.

아니? 날 뭘 믿고 강의만 하라고 하지?
내가 강의 되게 못해서 죽 쓰면 어떡하려고?
그래서 책 하나도 안 팔리면?

고맙게도 남편은 나를 확실히 믿어주는데, 나는 나도 남편도 못 믿겠다. 아니 누구와 뭔 얘기를 하고 왔길래 갑자기 사업을 하자고 그러지? 나보다 한글로영어를 더 사랑하는 남편의 몸속에는 한글로영어 피가 더 뜨겁게 흐른다. 어딜 가나 누구를 만나나 기회만 되고 틈만 나면 한글로영어에 대해 열변을 토한다! 그러던 남편이 오랜만에 지인을 만났다. 한글로영어 설명을 듣더니 사업을 같이 해보자고 제안을 한 것이다. 남편도 나름 그런 계획을 하고 있다가 둘이 모여 의기투합을 한 것이다.

문제는 나다. 내세울 게 정말 하나도 없다. 미국 유학 갔다 온 것도 아니고, 영문과 나온 것도 아니잖아. 유명한 대학도 아니고 오히려 이 외진 시골에서 오로지 우리 애들 때문에 시작한 건데, 상표 달고 정식으로 세상에 나가려면 적어도 남에게 내세울 만한 게 하나라도 있어야 하는데. 이건 『기적의 한글영어』 책 출간할 때와는 차원이 완전히 다르다!

게다가 책이 한두 권도 아닌데 이 많은 교재를 다 책으로 낸다는 말이지? 한 번 인쇄하면 책 하나당 최소 천 권은 찍어야 한다는데. 또 책만 찍나? CD도 DVD도 만들어야 하잖아. 책 찍으면 그 많은 책들은 또 어디다 쌓아 놓냐 물었더니 이 넓은 우리 집에 놔두면 되지 한다.

인쇄비가 한두 푼 들어가는 게 아니고 게다가 광고비는 인쇄비 저리 가라일 텐데. 지금 대출받은 돈만 얼마이고 그 대출 이자만 해도 죽겠는데. 암 프로그램 한다고 리모델링 비용도 어마어마하게 들어갔는데. 그 엄청난 돈을 또 들여? 그러다 책 찍어 놓고 안 팔리면? 광고해서 한 사람도 안 오면?

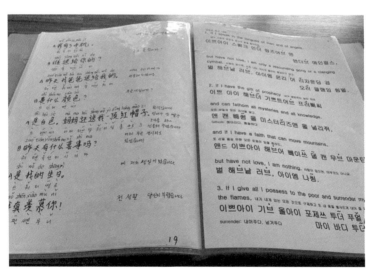

직접 손으로 써서 만든 한글로 영어, 중국어 교재

한글로 5개국어 물려준 엄마 이야기

으악! 생각만 해도 끔찍하다. 내 생각은 어쩜 이렇게 반사적으로 부정적인 생각을 향하여만 달려가고 있는가? 이런 생각으로 진짜 뭘 하겠어! 내가 나를 봐도 답답하고 답이 없는데, 듣는 내 남편은 얼마나 더 답답하고 피곤할까? 이렇든 저렇든 난 할건지 말건지 분명하게 말해줘야 한다. 그리고 선택의 결과는 내가 책임져야 한다. 잘되면 좋지만 안되면 어떻게 되는 건가? 생각만 해도 소름 돋는다. 손해 안 보고 선택하는 방법 없을까? 머릿속에 얄팍한 생각들만 굴러다닌다. 난 또다시 내 속에 나와 끊임없이 말을 주고받는다. 내 속의 내가 말한다.

넌 어찌 날마다 걱정만 하니? 그러다 날도 새고 인생도 새겠다. 어차피 한 번뿐인 인생이잖아. 지금처럼 계속 살면 네 인생 뻔하지 않겠니? 맨날 싸게 파는 데만 찾아다니고, 빚 갚기 위해 평생 쓸 것도 안 쓰고 그렇게 아끼고 아끼고만 살겠네. 인생 빚 갚다 끝나겠네. 참 안됐다 너. 그냥 이렇게 살면서 남의 성공한 인생에 박수만 치다가 그냥 이렇게 가는 거지. 뭔가 도전을 해야 성공을 하든 실패를 하든 새로운 인생도 살아보는 거잖아. 이 바보야! 옆에 든든한 남편도 있잖아. 책도 많이 읽고 아는 사람도 많고 나를 위해서라면 아직도 달도 따다 줄 것 같은 남편. 왜 실패할 생각만 하는 거야. 대박날 수도 있잖아!

타임머신 타고 미래에 가서 내가 강의를 얼마나 잘하고 사람들이 얼마나 오고 책이 얼마나 팔리는지 보고 올 수만 있다면 얼마나 좋을까? 매일 애벌레 몸부림치듯 고민하는데 막상 나의 현실은 너무 그대로다. 뭔가 선택에 도움이 될 만한 이상 징조 하나도 없이 너무 그대로다. 다 아는데 막상 도전하려니 왜 이리도 힘든 것인가? 아 참 힘들다. 죽을 것 같은 실패의 두려움을 극복하고 난 운명을 건 선택 또 해야 한다.

그런데 우리 남편은 참나…

한글로 5개국어 물려준 엄마 이야기

얼떨결에 사업

용기를 내서 그래 사업 한번 해보자! 맘 먹다가도 또 금방 맘이 홱까닥 바뀐다.

안 돼. 하지 말자. 이번에 잘못되면 우린 진짜 큰일나.

아냐 한번 해보는 거야!

하루에 수십 번도 하자! 말자! 사이를 왔다 갔다 하고 있는데 20년 넘게 나와 살아온 남편은 그런 나를 너무 많이 겪어와서 결정하기를 기다렸다간 도끼자루 썩겠다 싶었는지 더 이상 내게 묻지도 않고 일을 추진해 버린다.

남편 이리 좀 나와 봐~

나 네에? 왜요?

남편 광고에 올릴 사진 좀 찍게.

그러더니 집 앞 적당한 곳에 날 세워놓더니 사진을 막 찍어 댄다. 그 와중에도 사진 찍는다 하니까 나는 활짝 웃다가 ^○^ 살짝 웃다가 ^.^ 미소도 짓다가 ^--^ 고개도 숙였다가 들었다가 살짝 옆으로 기울였다가 이렇게 저렇게 바꿔가면서 나름 최선을 다해서 표정도 지어봤다. 그러더니 드디어 와~ 잘 나왔네! 좋았어! 이 정도면 아주 좋아! 라고 한다. 은근 기대감에 사진을 봤더니 큭 너무 촌스럽다.

이렇게 시작해서 남편이 또 너무 바쁘다! 교재를 책으로 만들어내랴. 신문광고에 올릴 문구 작성하랴. 앞으로 계속 강의할 장소 물색하랴. 내가 학원과 집을 오고 가며 살 때 남편은 서울을 내 집처럼 들락날락 하더니, 어느 새 그 많은 일들을 하나 하나 처리해 간다. 난 겁나서 묻지도 못하겠다. 책 찍는데 돈이 얼마나 들어갔는지? 광고비는 또 얼만지? 강의장 대여비는?

그래 믿자! 남편을 믿자! 어릴 때부터 고생 엄청 하고 책도 엄청 많이 읽어 세상도 잘 알고 심신의학 전공해서 사람 속도 잘 아는데, 어련히 알아서 얼마나 잘 하겠어. 난 내 맘만 잘 다잡으면 돼. 남편이 또 틈틈이 강의 자료도 준비한다. 그러면서 틈만 나면 나에게 강의에 관련된 교육 자료에 대해 자~ 잘 들어봐! 하며 쉽고 재밌게 말해준다. 이렇게 일일이 세심하게 약속했던 대로 알아서 다 해준다. 그런데 의외로 재밌다. 한 번도 해보지 않

한글로 5개국어 물려준 엄마 이야기

은 일을 해보니 강의 준비하는 것도 재밌다. 은근히 기대 되네. 이리하야 난 얼떨결에 사업가로 떠밀리게 된 것이다!

드디어 강의 날이 다가왔다. 밤새 잠도 거의 못 잤지만, 용인에서 종로5가 백주년기념관까지 오는데 왜 이렇게 떨리고 긴장되는지. 똑같은 시간인데 어쩜 이렇게 느낌이 다를 수 있는 거지?

드디어 강의장에 왔다. 이럴 수가!

전국 공개강좌를 시작하다

남편이 힘들고 귀찮은 일 마다 않고 발바닥에 불 나도록 다니며, 또 내 극도의 불안함에서 나오는 잔소리들도 다 들어가며 그 모든 일을 다 준비했다. 남편과 함께 만든 강의. 그간 정말 많이 고민하고 준비했다. 리허설도 참 많이 했다. 눈감고 실제로 강의장을 떠올리면서. 그러다 한번씩 내 자존심 건드리는 남편의 잔소리에 버럭! 그럼 직접 하지 왜 나한테 시켜욧! 부부싸움도 격하게 많이 했다.

드디어 강의 날이 다가왔다! 우리는 첫 강의를 위해서 용인에서 종로 5가로 가고 있다. 한 사람도 안 오면 어떡하지? 오긴 오겠지? 얼마나 올까? 나의 지극히 평범함에 사람들 실망하지는 않을까? 별별 생각이 다 든다. 떨리는 마음으로 강의장으로 가고 있다. 너무 긴장되었는지 잠도 안 오고 밥도 잘 못 먹겠다.

생각보다 너무 일찍 강의장에 도착했다. 난 강의장 끄트머리에 그냥 손님처럼 앉아있었다. 남편은 강의 준비에 혼자 분주하

한글로 5개국어 물려준 엄마 이야기

다. 키 작은 내가 강의할 때 잘 보이도록 발판도 놓아준다.

하나 둘씩 자리가 채워진다. 그러더니 어느샌가 자리가 다 찼다. 아 다행이다. 그런데 세상에. 그 많은 자리가 다 찼는데 사람들이 계속 들어온다. 앉을 자리가 없을 정도다. 간이 의자까지 동원해서 앉을 자리를 만들었다.

머리가 하얀 연세 드신 분들도 제법 왔다. 저 연세라면 포기할 텐데 왜 오신 걸까? 아직도 영어의 한을 못 푼 걸까? 저 젊은 여자 분은 왜 왔을까? 자신 때문에 왔나? 아님 애들 때문에 왔나? 주변을 둘러보면서 이 생각 저 생각하고 있는데 내 옆자리에 앉은 분들이 서로에게 물어보면서 말하는 소리가 들린다.

사람1 이 한글로영어는 도대체 뭘까요? 지금까지 이것저것 다 해보고 아무리 해도 안 됐는데 이거 진짜 될까요?

사람2 전 학교 다닐 때 영어 밑에 한글 썼다가 선생님한테 무척 혼났거든요. 절대 영어 밑에 한글 쓰면 안 되는 줄 알았는데 한글로영어 라니 너무 기가 막혀요. 별 영어가 다 나와요.

그 옆에 다른 한 분이 또 말한다.

사람3 제가 아는 사람이 있는데요. 영어를 정말 잘 해요! 그래서 너무 부러워서 어떻게 했냐고 물었더니 글쎄 한글로 써서 소리내서 읽었다는 거예요. 그래서 도대체 한글로 써서 어떻게 하는 건지 궁금해서 한번 와 본 거예요.

이러는 사이에 강의시간이 다 됐다. 일어나서 앞으로 걸어 나갔다. 심호흡 한번 크게 하고 남편이 알려준 유머로 강의를 시작했다. 다들 재밌다고 웃는다! 아 웃으니까 내 긴장이 조금 풀린다. 이렇게 시작해서 4시간의 강의를 했다. 내가 첫째 시간, 남편이 둘째 시간, 마지막 시간에는 내가 실습을 집중적으로 해줬다. 내가 개발한 발음공부를 소리내서 따라하는데 다들 재밌다고 웃는다. 쑥쓰러워 하면서도 잘 따라한다! 한글만 읽었는데 영어소리가 정확하게 나오고 또 자기 입으로 직접 말해보니까 너무 재미있나 보다. 오신 분들의 긴장과 의심이 사라지는 느낌이다. 그 긴 시간이 어떻게 지났는지 모르겠다.

이게 시작이었다. 매주 토요일마다 강의를 했다. 왜 월요일은 안 하냐고 해서 월요일도 강의했다. 이 글을 쓰는 지금 이 시점까지 팔백 번이 넘는 강의를 하리라고는 난 정말 상상도 못했다. 이제는 나를 툭 치면 강의가 나올 정도이다. 매번 강의를 끝내고 나면 한숨 돌릴 여유도 없이 질문들이 마구 쏟아진다. 쉬는 시간마다 나에게 와서 궁금한 것들을 막 질문한다. 이 사람 저 사람

한글로 5개국어 물려준 엄마 이야기

나름 새로운 질문들을 막 던지는데, 나에게는 항상 똑같은 질문들로 어마어마하게 쌓이기 시작했다.

강의를 거듭하면서 우리나라의 영어현실이 이렇게 참담하다는 걸 깨닫고는 난 가슴에 멍이 들고 눈물이 났다. 나만 영어에 한 맺힌 게 아니었다. 돈 없으면 절대 영어 못해. 머리 나쁘면 절대 영어 못해. 나만 이렇게 생각하는 게 아니었다. 그래서 더 열심히 강의를 했다! 모두가 한(恨) 맺혔던 내 모습 같아서.

그러던 어느 날 아들 학교에서 담임 선생님이 상담할 일이 있다고 전화가 왔다. 남편을 보냈다. 갔다 오더니 세상에 상상도 못한 얘기를 한다!

100주년기념관에서 매주 공개강좌 진행

한글로 날개를 달다

우리 아이들은 아직도 매일 매일 한글로 스페인어와 일본어를 일상의 짜뚜리 시간 속에서 읽고 있다. 딸과 아들은 이제 너무나 잘 알고 있다. 외국어는 공부가 아니라 운동이라는 것을. 글자로 접근하는 게 아니고 소리내서 하는 꾸준한 반복훈련이라는 것을. 이게 가장 빠르고 가장 쉬운 방법이란 걸.

아들, 중국 칭화대
전액장학생으로

그렇다. 올 것이 온 것이다. 아들은 어느덧 고3이고 수능은 다가오고 있고 이제는 대학 진학을 위해서 어떻게 응시할 지 결정해야 한다. 아들은 미국 다녀온 이후 정말 몰라보게 열심히 공부했다. 내신 성적도 기대이상으로 잘 나와서 아들은 인서울을 은근히 기대하고 있었다.

하루는 담임 선생님 전화를 받고 남편이 학교에 상담하러 갔다. 난 하루 종일 신경이 온통 거기에만 가 있다. 난 남편이 오기만을 기다렸다. 드디어 남편이 왔는데 얼굴 표정이 어째 좀 이상하다. 얼굴이 싱글벙글 하고 뭔가 좋긴 되게 좋은데 이 좋은 걸 어떻게 표현해야 될지 모르겠는 표정이랄까? 상황을 전혀 모르는 나는 너무 궁금해서 조급하게 물었다.

나 어떻게 하기로 했어요? (속으로) 수시 아니면 수능. 둘 중 하나이겠지 뭐.

남편 범석이 대학 안 보내려고 한다.

나 네엣?? 뭐라고요??!

이 심각한 말을 남편은 웃으면서 말한다. 나의 과잉반응에 더 이상 장난치면 안 될 것 같았는지 바로 말해준다.

남편 아니 그게 한국 대학 안 보내고 중국에 있는 대학 보내려고.

나 중국 대학요? 아니 도대체 뭐예요? 자세히 설명 좀 해봐요!

남편이 자초지종을 말한다. 상담 중에 선생님이 지나가는 말로 중국 대학에 진학하는 코스가 있다고 살짝 얘기했는데, 그걸 바로 남편이 낚아챈 것이다. 성적 좋고 중국어 잘 하면 중국에서 제일 좋은 대학인 칭화대에 갈 수 있다는 것이다. 그것도 4년 전액 장학생으로! 딱 두 명만!

3학년 담임선생님들이 학기초에 각 반에 공식적으로 다 설명해줬단다. 범석이는 성적도 좋고 영어도 잘하고 중국어도 잘해서 범석이가 가면 딱 좋겠는데 전혀 반응이 없어서 답답하다고! 그렇다고 이 공식적인 것을 범석이를 따로 불러 말할 수도 없기에 그냥 갈 생각이 없나보다 생각했단다. 게다가 마침 두 명의 지원자가 모두 나와서 6개월 전부터 한창 준비하고 있는 상황이었다.

아들아. 중국 대학 가면 어떻겠니?

이 얘기를 들은 우리 남편이 가만히 있을 리 없었다. 그럼 지금이라도 신청하면 갈 수 있냐고 물었다. 아들은 내가 책임지고 설득할 테니 간다고 하면 보낼 수 있느냐? 하고 확실하게 다짐하듯 물었더니 한 명 정도는 더 갈 수 있을 거라 한다. 그 대신 수능은 바로 접어야 하고 범석이는 내신 성적은 되니까 중국 공자학당에 등록한 후 바짝 공부해서 HSK 6급만 따면 된단다. 만약 HSK 6급을 못 따면 갈 자격이 안 된다는 것이다. 그런데 성적 제출 기한이 두 달 밖에 안 남았다. 그러니 빨리 결정해야 한다. 적어도 이번 주까지는 확답을 해줘야 한다.

바로 남편이 아들을 불러냈다. 남편 마음이 다급해졌다. 다짜고짜 아들에게 중국대학 가자! 그랬더니 엥? 내가 왜 중국으로 가요? 한국 대학도 충분히 갈 수 있는데요. 공부하다가 갑자기 불려 나와 아무 생각 없는 아들이 눈만 끔뻑거리며 어리둥절해한다. 남편은 장황한 설명과 설득으로 아들을 거의 반 강제적으로 밀어붙였다. 이러고 저러고 해서 그래서 넌 중국으로 가야 해! 이렇게 아빠의 급하고 빠른 미래 예측적인 말들을 통보식으로 듣고 아들은 얼떨결에 따라야 했다.

이젠 나만 남았다. 설명을 전부 들은 나는 또 깊은 고민에 빠졌다. 된 것도 아닌데 좋아할 게 없었다. 또 운명을 건 선택을 해야 한다!

어쩌지? HSK 6급 정말 어렵다는데… 어떻게 두 달 만에 따지? 기회라는 건 이렇게 불시에 오는구나. 중국어 시험은 한 번도 본 적 없는데. 한글로 중국어 읽기만 시켜서 글은 하나도 모를텐데. 한자라곤 중학교 한자가 전부일 텐데. 6급 못 따서 중국 못 가면 어떡하지? 그럼 중국 대학 한국 대학 둘 다 못 가는 거네. 그럼 일 년을 또 쉬고 재수해야 되네. 영어는 일찌감치 3학년 때 시작하고 중국어는 좀 늦게 6학년부터 읽히기 시작했는데. 이럴 줄 알았다면 좀 더 일찍 더 열심히 시켰어야 했나? 중3 때까지 한글로 중국어 주구장창 읽기만 하고 고등학교 기숙사 들어간 이후로는 중국어 아예 못했는데 도대체 어떻게 두 달 만에 HSK 6급을 따란 말이지? 만에 하나 두 달 만에 되면 좋은데 안 되면? 매달 공자학당 학습비가 90만원. 시험 떨어져서 그 돈을 일 년 내내 부담해야 되면? 그 만큼 투자했는데 또 합격 못 하면?

생각만 해도 끔찍하다. 합격할 거라는 긍정적인 생각보다 습관적인 부정적인 생각들이 또 나를 옭아맨다. 하지만 현실이 그런 걸 어쩌란 말인가? 아들의 인생 중 너무나 중요한 시점이고 한 번뿐인 인생이 도박도 아니고, 정말 너무 고민된다. 내 인생이라면 되든 안 되든 내가 책임지고, 이게 내 운명이려니 내 팔자겠거니 알아서 할 텐데. 내 인생은 아무리 힘들어도 아들의 인생은 딸의 인생은 힘들지 않았으면 하는 게 부모의 마음이다. 잘되면 정말 좋을텐데 혹여나 잘못된다면? 그렇게 한번 틀어지기 시작하면 순차적으로 하나하나 밀리면서 점점 힘들어지고 되돌릴 수도 없고, 그럼 평생 부모 된 우리는 아들 보기가 너무 미안해질 것이고 당연히 아들은 전혀 내색은 안 하겠지만 우리가 얼마나 원망스럽겠는가!

어쩌지? 어떻게 해야 하지?

HSK 6급, 두 달 만에 합격

　　　　　　　　잠깐만 바꿔보자! 나의 습관적인 부정적인 생각을. 안 되는 것만 생각하지 말고 좀 되는 것도 생각해보자! 긍정적으로 생각하는 것도 진짜 훈련이 필요한 것 같다.

　　만약 두 달 만에 HSK 6급 따서 중국의 제일 좋은 대학 들어간다면 그 어마어마한 4년 대학 비용이 공짜다. 그럼 한 달 공자학당 수강비 90만원? 그거 아무것도 아니잖아?

　　좋아! 떨어진다 쳐. 재수하면 되지 뭐. 한국 대학도 재수하는데. 초등학교부터 고등학교까지 오로지 대학을 위해 그렇게 열심히 공부해서 일 년 딱 한 번 오는 수능에 인생을 건 도박 같은 시험을 보잖아. 그런데 그 수능날에 예기치 않게 안 좋은 일이 생기거나 혹은 컨디션 안 좋아서 흡족한 점수가 안 나오면?

　　전공 말고 대학에 맞춰 갈까? 아님 대학 말고 전공에 맞춰 갈까? 고민하다가 에잇! 그냥 재수해? 그럼 또 일 년을 기다려야 하잖아! 그래서 내가 대학 갈 때 전공 포기하고 대학 선택했잖

　　　　　　　　　　　　한글로 5개국어 물려준 엄마 이야기

아. 그런데 또 우리 딸이 그래야 하고 우리 아들도 그래야 하고. 전공 포기하고 점수에 맞춰 대학 들어가서 졸업하면 나와서 또 뭐 할 건데? 또 취업 걱정? 게다가 더 끔찍한 대학 신분에 갇혀버리잖아! 정말 끝도 없다.

중국대학 간다면? 지금까지 배운 중국어 다 써먹을 수 있겠네. 미국 가더니 친구 많이 만들었던데 중국가면 친구들 더 많이 사귀겠지? 또 좋아하는 전공도 살릴 것이고 오히려 일석 삼조네. 어차피 난 한글로영어 시작할 때 애들 대학 완전 포기했잖아. 이런 기회가 온 것만 해도 정말 감사한 거야. 그래 맞아! 이게 바로 기회다. 잡어. 앞에서 올 때 잡자. 중국 대학으로 보내자! 이렇게 마음을 잡고 선택하고 나니 무겁던 마음이 날아갈 듯 가볍다.

그런데 토요일 기숙사에서 나온 아들의 얼굴이 왠지 어둡다. 하던 공부 열심히 하고 있었고, 좋은 대학도 갈 수 있을 것 같은데, 왜 자기가 중국대학으로 가야 하는지 도무지 이해가 안가나 보다. 그런 아들을 사이에 두고 남편과 나는 돌아가며 열띤 설득을 해야 했다. 주말이라 집에서 좀 여유 있게 많은 자료를 보여주면서 설명할 수 있었다. 결국 아들도 확실하게 마음을 다잡고 결정했다. 엄마 아버지의 말을 듣고 믿고 따라줘서 아들이 고맙기만 하다!

이젠 행동으로 바로 옮겨야 했다. 담임 선생님께 결정한 걸 말

씀드렸다. 그래서 바로 수능 공부 멈추고 공자학당에 합류해서 두 명의 친구와 함께 본격적으로 시험에 필요한 중국어 공부를 시작했다.

너무 감사한 건 교장선생님이 우리 아들 때문에 중국 청화대에 사비로 다녀오신 것이다. 한 명을 더 받아 달라고. 그리고 허락을 받아오신 것이다! 이렇게 감사할 수가. 이렇게 고마울 수가. 정말 눈물이 나게 고맙고 감사하다. 이제 남은 건 두 달 후 HSK 6급 시험에 합격만 하면 되는 것이다.

시간은 어김없이 흘러서 드디어 시험날짜가 다가왔다. 아들이 시험을 보러 갔다. 아무것도 일이 손에 잡히지 않는다. 하루가 어쩜 이렇게 길지? 전화 벨이 울릴 때마다 가슴이 쿵쾅쿵쾅 뛴다. 드디어 아들한테서 전화가 왔다.

아들! 어떻게 봤어? 통과할 것 같아?

숨도 못 쉬겠다.

엄마 나 통과했어! 시험 보고 바로 답 맞춰봤는데 6급 점수 안전하게 넘겼어!

와 눈물 나게 감사하다. 이런 날도 오는 구나. 이게 행복이구나. 이게 보람이구나! 아들과 아침 저녁으로 6년을 매일 잘하는지도 못하는지도 모르고 한결같이 꾸준히 읽기만 했는데 이런 기쁨의 날이 올 줄 누가 알았겠어? 이 기회 안 잡았으면 세상에 어쩔 뻔했어? 자녀의 일이 나를 더 행복하게 한다. 너무 감사합니다!

그런데 또 이건 무슨 청천벽력 같은 소리래?

우여곡절과 전화위복

　　　　학교 성적은 2등급이상 이어야 하고 중국어 HSK 6급을 통과해야 되는 자격 조건이 모두 채워졌다. 그렇게 중국 대학으로 4년 장학금 받고 가는 학생이 총 3명이었다. 아들은 이과라서 칭화대 공대 핵에너지 학과로, 한 학생은 칭화대 건축학과로, 다른 한 학생은 문과라 북경대 경제학과에 진학하기로 결정이 되어 있었다. 중국 최고의 대학을 특례입학으로 가게 된 것이다. 그것도 4년 장학생으로! 중국은 우리나라와 달리 9월에 1학기가 시작되기에 아들은 중국 갈 날을 손꼽아 기다리며 미리 전공 관련 책도 사다 공부하고 있었다. 핵에너지 학과가 보통 어려운 게 아니기에.

　나는 이때 한글로영어 강의를 매주 토요일 서울에서 하고 주중에는 전국 방방곳곳으로 강의 다니고 있었는데, 어딜 가나 강의할 때마다 늘 아들 자랑을 우쭐대며 해댔다. 그날도 지방강의 간다고 신나게 고속도로를 달리고 있는데, 아들 고등학교에서

유학담당 선생님으로부터 전화가 왔다.

여보세요? 네…? 뭐라고요?!
말도 안 돼! 자세히 설명 좀 해주세요… 어머, 진짜 기가 막혀!

갑자기 내 몸속에 피가 순식간에 쏵 빠져나가는 것 같다. 온몸에 힘이 빠지고 순식간에 땅에 쓰러질 것 같다. 이게 무슨 청천 벽력 같은 말이란 말인가!
칭화대에서 합격을 취소했다.

취소요? 그게 말이 되요? 아니 왜요??

연유를 들어보니 지난 해 특례입학한 한국 유학생들 거의 모두가 퇴학을 당했다는 것이다. 학교 생활에 적응을 너무 못해서 거의 다 도중하차를 당한 것이다. 그러니 한국 학생을 계속 받는 것도 의미도 없고 학교 질도 떨어지고…

사실 우리나라 대학은 웬만하면 다 졸업한다. 어떻게든 들어가기만 하면 된다. 그래서 오로지 대학 들어가는 데만 집중하는 반면, 미국이나 중국은 힘겹게 들어가도 졸업하기가 그렇게 힘들단다. 게다가 한국 유학생들은 문법공부나 글공부에만 치중을 하니 입학해도 말이 안 되고, 강의도 못 알아들으니 수업도 못 따라가고, 중국 수재들과 어떻게 바로 경쟁이 가능하겠는가?

이게 바로 멘붕이라는 거구나. 어쩌지? 우리 아들 인생이 걸린 문제인데. 힘겹게 인생 걸고 도박 같은 선택을 했는데. 아무리 그래도 그렇지. 기회도 안 주고 이전 학생들 때문에 지금 우리 아이들을 일방적으로 취소하다니! 이건 진짜 너무하네! 어떡해야 하나? 어떡하지? 다리가 후들거리고 정신을 차릴 수가 없다. 이게 무슨 인생의 장난이란 말인가! 급격하게 화도 나다가 하염없이 눈물이 나오다가 너무 어이없어 허탈하게 웃다가를 반복한다. 차를 잠시 길가에 세워 두고 정신 좀 차려야겠다.

한글로 5개국어 물려준 엄마 이야기

어떻게 해야 하나? 부모로서 자식의 일이다 보니 가슴이 더 쓰라리고 저며온다. 도저히 정신을 못 차리겠다. 그럼 우리 아들은 다시 수능 공부해야 하나? 중국 4년 장학생으로 칭화대는 아예 못 가는 건가? 내일 일을 자랑하지 말라 했는데, 난 이미 우쭐대며 자랑할 대로 다했는데 이걸 어떻게 주워 담지? 참 나 원. 사람이란 그 순간에도 이기적이다. 강의를 어떻게 했는지도 모르겠다. 부랴부랴 서울로 올라왔다. 올라오면서 차 안에서 진심으로 기도를 했다.

하나님! 이건 또 뭔가요?

속으로 깊이 묵상하니 마음이 좀 가다듬어진다. 속 시원하게 말 좀 해줬으면 좋겠는데! 그러다가 나의 늘 하는 기도가 생각이 났다. 미래를 아시는 하나님. 내 인생이 지금은 화려해 보여도 그 끝이 불행이면 막아 달라고. 지금 초라해 보이고 힘들어도 그 끝이 진정한 길이라면 꾹 참을 테니 그 길로 인도해 달라고. 늘상 기도는 근사하게 참 믿음 좋게 했는데, 이게 막상 현실로 닥치니 내 본능적인 모습은 이렇구나. 아냐. 분명 뜻이 있을 거야.

세 학생의 부모들이 한 자리에 다 모였다. 학교도 공자학당 원장님도 미안해서 어쩔 줄을 모른다. 그들이 무슨 죄라고. 학생들은 오히려 잠잠한데 한 학생의 부모가 난리에 난리다. 애들 인생 가지고 장난 치냐고! 원장은 어떻게 할 거냐고! 우린 가만 있어도 될 정도다. 부끄럽지만 나도 내 속으로는 똑같이 고래고래 소리치고 있다. 학교도 공자학당 원장님도 지금까지 최선을 다해준 걸 다 알고 있는데도.

공자학당이 중국 교육부 공식 산하기관이고, 이게 또 외교적인 문제라 중국대사관에 중재 요청을 의뢰했다고 한다. 한국대사관이 또 적극적으로 개입을 해줬다. 그야말로 이 피 말리는 과정을 부모들도 아이들도 처절하게 겪어야 했다. 학교도 공자학당 원장도 최선을 다해준다. 그러는 사이 10년은 팍 늙어버린 것 같다.

드디어 대안을 찾아냈다! 칭화대, 북경대만 빼고 지원하는 학과로는 중국에서 제일 유명한 대학으로 보내 주겠다는 것이다. 그게 무슨 뜻이냐면, 우리 아들은 공대 지원이니까 공대로 제일 좋은 대학인 상해교통대로 갈 수 있고, 건축학과로는 중국 최고인 대학으로, 경제학과로 최고인 대학으로 보내 주겠다는 것이다. 게다가 전에는 4년 등록금만 지원이 되었는데, 이번에는 교재비, 의료비, 기숙사비에 매달 용돈까지 다 주겠다는 것이다. 세상에 이렇게 될 수도 있구나! 우리는 그야말로 전화위복이 되었다. 미래를 아시는 하나님께서 그 길을 막아 주셔서 너무 감사했

한글로 5개국어 물려준 엄마 이야기

다. 참 부끄럽기도 했다. 학교로부터 걸려 온 전화를 받았을 때 처음 본능적인 나의 반응을 돌이켜보니.

만약 우리 아들이 칭화대 공대 핵에너지 학과에 합격이 되어 들어갔다면? 지극히 평범한 우리 아들이 중국 천재들만 모인다는 그곳에서 살아남을 수 있었을까? 졸업이나 했을까? 이러한 우여곡절과 전화위복 끝에 아들은 중국으로 대학을 가게 되었다.

유학을 떠나기 전에 아빠가 아들을 앞에 앉혀 놓고 사뭇 심각하게 진지하게 말을 한다.

아들아 성적은 어떻든 상관없으니까 졸업만 하고 와. 그리고 중국 친구 많이 사귀고 대학생활을 맘껏 즐기렴. 명심해라 알았지? 그리고 너 4년 동안 대학 등록금 굳었으니까 그 돈으로 미국 여행 한달 다녀와. 실컷 다니고 싶은데 다 다녀와!

이렇게 하여 아들은 혼자서 한달간 미국여행을 자유롭게 다녀오고 곧바로 중국으로 떠났다.

딸 아들, 모두
중국 전액장학생이 되다

아들을 중국 상해교통대에 전액 장학생으로 보내 놓고 우리는 하루하루 너무 행복했다. 하지만 보내 놓고 또 은근히 걱정이 된다. 그 어려운 강의는 잘 들릴까? 중국어로 숙제도 제출해야 할 텐데. 또 적응은 잘하고 있으려나? 이것저것 궁금했는데 하루는 아들에게서 전화가 왔다.

엄마~ 중국 친구들이 나보고 자꾸 화교냐고 물어! 내가 중국어를 잘하나 봐. 여기 유학 와서 7년 된 애들보다 내가 중국어를 더 자연스럽게 잘한데. 여기 한국에서 유학 온 애들이 정말 많은데 나보고 한국에서 어느 학원 다녔냐고 자꾸 물어.

왜? 물었더니

이 대학은 유럽이나 미국에서도 유학 온 애들이 제법 많거든. 내가

한글로 5개국어 물려준 엄마 이야기

영어 중국어 동시에 말을 잘 하니까 되게 신기한가 봐!

인사 잘 하고 성격 좋고 또 친구를 좋아해서 누구든 잘 사귀는 아들이 중국 가서 아주 물 만난 것 같다. 게다가 대학 주최 로봇 경시 대회 나가서 로봇 설계상도 받았다. 듣기만 해도 행복하다. 그 덕에 나도 힘을 듬뿍 받아 매주 공개강좌도 더 신나게 더 힘차게 더 자신 있게 더 열심히 하고 있었다.

그러는 어느 날 오랜만에 작은 동생한테서 전화가 왔다. 중국 대학원에 장학생으로 유학 가는 길이 있는데 중국어 잘하는 첫

한글로 날개를 달다 ～～～～ 229

째 조카 우리 딸이 갑자기 생각나서 전화했다고. 귀가 번쩍 뜨여 그게 뭐냐고 급하게 물었더니 직접 홈페이지에 들어가서 알아보라고 한다. 빨리 전화 끊고 홈페이지 들어가 알아봤더니, 영어 중국어 동시에 잘하면서 각종 자격이 갖추어져서 합격이 되면 세상에 대학원 등록금 전액 장학생에 기숙사비, 보험에 매달 용돈까지 넉넉하게 나온다. 야 기가 막히네. 발동 걸렸다.

근데 이게 뭐야? 추가 모집? 아니 이 좋은 코스가 왜 추가 모집이지? 사람들이 이 정보를 모르는 걸까? 아님 못 잡는 걸까? 알든 모르든 잘 된 거야. 그러니까 우리에게 기회가 왔지. 그런데 어머나. 서류 마감이 이틀밖에 안 남았네. 큰일났다. 이틀이라니? 이를 어쩌나? 이번에 놓치면 일년을 또 기다려야 하는데.

아뿔싸. 마침 한글로영어 교사연수 하고 겹쳤네! 이번에 반드시 가야 될 텐데. 근데 무슨 재주로 이틀 동안 이 많은 서류들을 준비하지? 서류 중에 외국인 신체검사는 정해진 의료기관에서만 가능하고 최소 5일은 걸린다는데. 또 교수님 추천서도 두 개를 받아서 그걸 다시 중국어로 작성해서 직접 교수님 서명도 받아야 하고… 서류가 너무 많고 복잡하다. 생각만 해도 캄캄하다.

일단 해보자. 일단 머리를 맞대고 제일 짧은 동선과 제일 짧은 시간에 서류를 완성할 방법을 이리저리 연구했다. 참 다행하게도 제일 중요한 조건인 HSK 6급을 딸이 진작에 시험에 도전해서 두 달 만에 미리 따 놓았기에 나머지 서류들만 준비하면 됐었다. 최단 기간에 끝내는 방법이 뭘까? 생각하지 않으면 안 된다! 그래. 일단 교수님 추천서를 딸이 직접 작성해서 먼저 중국어로 번역해 놓고 직접 들고 가는 거야. 교수님께 사정을 말한 다음에 동의를 받고 사인을 받는 걸로 하자. 신체검사는 급한 사정을 모두 얘기하고 최단기간에 해줄 병원을 샅샅이 다 찾아보는 거야. 나머지 서류들도 틈나는 대로 준비하고. 이렇게 계획된 동선대로 움직이자. 일단 해보는 거야!

대학은 딸의 학사 전공인 경제로 중국에서 알아주는 북경 대외경제무역대학을 1순위로 선택했다. 금융이나 무역에 관해서는 알아주는 최고 대학이니까. 이리하야 그 더운 여름에 딸이 발바닥에 불 나도록 다니면서 이틀 만에 서류 다 만들어서 접수 다 해 놓았다. 마감 시간인 저녁 6시 딱 10분 전에 모든 서류를 제출했다. 우리 가족의 팀워크 정말 대단하다. 이건 드라마다. 이제 합격발표만 기다리면 된다!

아들 보러 상해,
딸 보러 북경

이틀 동안 그 많은 서류들 낸다고 정말로 정신없이 다니면서 기적적으로 마감했는데 기다림의 적막감은 조용하다. 대학 합격발표보다 어찌 더 긴장되는 거지? 그런데 참 이상하게도 맘이 평안하다. 긴장은 되는데 전혀 불안하지가 않다.

아니나 다를까 합격이다! 날아갈 듯이 기쁘다. 뛸 듯이 기쁘다! 그래서 진짜 딸과 남편 손잡고 아이들처럼 폴짝폴짝 뛰었다. 인생에서 기회는 이렇게 뜻밖에 오는가 보다. 전혀 생각지도 않았는데, 미리 계획도 안 했는데, 실력만 준비해 놓았더니 이렇게 넝쿨째 들어온 기회를 잡았다. 이렇게 딸도 북경 대외경제무역대학원에 전액 장학생으로 등록금, 의료비, 기숙사, 매달 용돈까지 받고 유학을 가게 된 것이다.

그런데 딸을 보내 놓고 나니 솔직히 아들보다 더 걱정된다. 잘 따라갈까? 말이 될까? 수업이 잘 들릴까? 말도 안 되고 적응 못

한글로 5개국어 물려준 엄마 이야기

해서 너무 스트레스 받
는 건 아닐까? 그래서
방 안에만 있는 건 아닐
까? 평소에 힘든 것 잘
참고 말 잘 안 하는 딸이
우리 걱정될까 봐 속으
로 끙끙 앓고 있는 건 아
닐까? 그 이국 땅에서?

아무래도 안 되겠다. 우리가 직접 중국에 가보자! 이래서 아들 유학간지 2년 만에, 딸이 간지 3개월 만에 중국에 갔다.

먼저 아들이 있는 상해로 갔다. 웬일이래? 친구가 왜 이렇게 많지? 어릴 때부터 사람 좋아하고 잘 어울리는 아들이 국가별로 친구들을 다 사귀어 놨다. 완전히 물 만났네 우리 아들! 한국 친구들은 물론 유럽 친구들, 동남아 친구들, 만나는 중국 친구들 다 인사를 시켜 준다. 아들은 중국사람 다 된 것 같다. 아들은 더 이상 걱정할 것 없겠다!

자 이제는 딸을 만나러 북경으로 갈 차례다. 비행기로 갈려고 했는데 북경 미세먼지가 너무 심해서 공항에 비행기 이착륙 자체가 아예 안 된다. 그래서 갑자기 비행기가 취소가 됐다. 하는 수 없이 고속철로 가야했다. 세상에 중국 땅은 넓기도 참 넓더

라. 중국이란 나라는 정말 가도 가도 끝이 없는 것 같다. 상해에
서 북경까지 그 먼 거리가 이제 고속철로 5시간밖에 안 걸린다
니, 중국이 언제 이렇게 발전한 걸까? 그런데 북경으로 다가갈수
록 깊은 바다 속으로 내려가는 느낌이다. 분위기가 진하게 음산
하다. 분명 대낮인 데도 어둡다. 미세먼지가 얼마나 진한지 북경
으로 다가갈수록 그 미세먼지가 짙어 가는 밤의 어둠과 섞이면
서 한참동안 아무것도 안보이다가 어렴풋이 희미하게 불빛이 보
이면 그게 도시이고 그게 마을인 것이다. 마치 폐허가 된 유령도
시 같은 느낌이다.

한글로 5개국어 물려준 엄마 이야기

딸이 역으로 마중 나왔다. 얼굴만한 마스크를 쓰고서 생글생글 웃으면서 우리를 맞이한다. 표정 보니 일단 안심이다. 중국에 온지 이제 3개월 됐는데 중국어를 웬케 잘한데? 진짜 안 믿겨 질 정도로 너무 잘한다. 딸의 목소리에서 자신감이 느껴진다. 얼굴에 생기도 돋았다! 중국 생활이 너무 재미있단다. 벌써 맛있는 요리에 식당도 다 섭렵해 놓았다! 한국에서도 평소에 과묵하던 딸이 이 중국에서 말수가 제법 늘었다. 이런 저런 얘기에 나도 덩달아 신난다.

나 아니 이렇게 공기가 안 좋은 데서 어떻게 사니?
딸 괜찮아 엄마~ 중국 사람들 아무렇지도 않게 살아.
　　여기 못살아서 난리야 오히려!

모든 일정 마치고 한국으로 돌아오는 비행기 안에서 아이들과 나눴던 이야기들, 아이들의 웃는 얼굴들, 아이들의 친구들을 떠올리는데, 갑자기 눈물이 핑 돈다. 너무 감사해서.

딸 엄마 나~ 한국가기 싫어~ 여기 너무 재밌어~

딸이 공항에서 헤어지는 우리에게 반 농담조로 말한 게 떠오르는데 그 말이 이렇게나 감사하다니.

엄마! 나 장학금이고 뭐고 다 필요 없어.

집에 가고 싶어 힘들어 너무 힘들어.

친구도 필요 없고 다 필요 없어.

이랬다면 내 속이 얼마나 미어지고 속상했을까? 공기가 너무 안 좋아서 마스크 쓰면서 살아도 재밌나 보다. 딸과 아들이 자신 감이 되어 한국에 돌아와서 늘 해왔던 무료공개강좌를 더 열심히, 더 신나게, 더 확신 있게, 더 열정적으로! 강의를 하게 되었다. 제2의 우리 아이들로 만들어 주고 싶어서 공개강좌 때마다 혼을 담아 열심히 하는데.

그런데 이건 뭐지? 도대체 이건 뭐란 말인가? 아………. 정말 눈물이 난다.

한글로 5개국어 물려준 엄마 이야기

괴물이 된 한국 영어

내가! 영어 강의를 한다. 중2때 영어 포기하고 영문과도 안 나오고 역사를 전공한 내가! 영어의 해답을 찾아서 인생을 돌고 돌아 떠돌다가 가슴에 영어의 한(恨)이 맺혔는데, 바로 한글에서 영어의 해답을 찾은 것이다. 미국도 아니고 서울도 아닌 우리나라 제일 외로운 동네 경주 외동이란 시골에서! 동시에 영어 중국어를 이렇게 쉽게 할 수 있는데, 한글로 읽기만 하면 되는데! 아니 이게 뭐람? 우리나라 영어는 영어가 아니라 말도 안 되는 영어 괴물이네. 왜 이렇게 된 거지? 기가 막혀!

한글로영어 무료공개강의를 매주 월요일 토요일마다 열심히 해왔다. 벌써 800회를 훌쩍 넘었다. 강의 끝나면 질문들이 여기저기서 막 쏟아진다! 처음에는 무슨 질문이 나올까? 나도 무척 궁금했다.

학교 다니는 아이를 둔 엄마들은

문법은 되나요? 듣기는 되나요?

시험 성적은 잘 나오나요?

한글만 보고 읽으면 영어 읽기는 언제 해요?

한글로영어는 초급 중급 고급 중 뭐예요?

말을 얼른 잘하고 싶은 어른들의 질문은

하루에 몇 시간 하면 되나요?

근데 눈이 자꾸 영어로 가서 한글이 더 어색해요.

응용은 되나요? 책을 몇 권 끝내면 말이 되나요?

말도 잘 하고 싶고, 시험도 잘 보고 싶은데, 어떻게 하면 비용은 싸게 단시간에 둘 다 잘 할 수 있을까? 속 뜻은 바로 이것이다.

사실 질문도 이제는 새로운 것이 없다. 각자 진지하게 질문을 하는데, 나는 들었던 질문 또 듣고 또 듣는 것이다. 천년을 해도 말 못하게 만드는 기존 학교의 문법교육은 하면 할수록 안되니 영어 한이 맺혔는데, 본능에 이끌려 찾아온 한글로영어는 왠지 될 것 같은데, 강의 들으니 이게 백 번 맞고 이해는 되는데, 학교의 시험 영어에만 매달려 지금까지 눈으로 공부만 해오다가 매일 조금씩 입으로 읽기만 하라고 하니, 어떻게 이 개념을 단숨에

한글로 5개국어 물려준 엄마 이야기

받아들일 수 있을까?

이게 될까? 이게 됩니까? 진짜 됩니까?
지금까지 해도 해도 안 됐는데 한글로영어 진짜 됩니까?
내가 해보고 되면 우리 애들 시킬게요.

아 막막하다! 우리나라 영어가 어디서부터 잘못된 거지? 첫 단추를 어디서부터 잘못 끼운 걸까? 알아보니 세상에. 일제시대 때부터 잘못된 것이었네. 일본이 우리나라를 식민통치 하면서 민족말살정책을 펼쳤지. 그 정책들 중 하나로 한글을 말살하려 했잖아. 또 우리나라 국민들을 잘 교육시켜 노예로 삼으려고 했지. 그래서 만든 게 황국의 신민학교 국·민·학·교.

한글 말살정책을 시작으로 일본인 영어선생님이 영어 밑에 한글 쓰면 한국학생들을 모두가 보는 앞에서 인정 사정없이 때렸다. 그걸 한국 영어선생님들이 그대로 보고 배워서 아직까지 영어 밑에 한글 쓰면 이제는 한국 영어선생님들이 한국 학생들을 때린다. 영어 배우러 왔는데 오히려 더 얻어맞고 깊은 수치심과 열등감이 든다. 아직까지도 일제시대 방법 그대로 이어져와서 온 국민이 문법교육에 인생을 바치고 말도 못하는데 지금도 파닉스만 1년 넘게 배우고 스펠 암기하면서 단어 시험만 보게 한다.

조선말에 한글을 통해 영어를 너무 잘해 아시아 지역에서 감히 조선의 영어를 따라올 나라가 없다고 영국대사도 말했다는데. 왜 이제는 대한민국이 이 아시아 지역에서 영어 말하기로 꼴등이 됐고, 왜 전세계 극빈국인 소말리아보다 영어 말을 더 못하는지… 그 이유를 확실히 알게 된 것이다. 바로 일제 강점기 때부터 못하게 된 거였다! 영어 밑에 한글 쓰다 죽사발 터지게 얻어 맞다 보니 한글이 수치스러운 거다. 한글이 부끄러운 거다.

언제 누가 왜 그랬는지도 모르고, 이제는 우리 스스로가 한글을 무시한다. 자랑스러운 한글이라지만 막상 영어 밑에 토 달린 한글을 무시한다. 그리고는 하면 할수록 안 되는 영어만 하고 있다. 그래서 모두가 나처럼 처절하게 한이 맺힌 것이다. 되지도 않는 영어에 돈과 인생을 거는 한국 사람들이 너무 불쌍하다. 눈물이 난다.

한글로 5개국어 물려준 엄마 이야기

『세종대왕의 눈물』

한글. 내가 늘 쓰는 한글. 너무 편해
서 좀 시시한 한글! 영어 잘하면 대우받는 세상에서 아무리 잘 해
도 왠지 촌스러운 한글. 이거 세종대왕이 만든 거 누가 몰라? 그냥
입에서 아무 생각 없이 저절로 나오는데 뭐.

"나랏말쌈이 듕귁에 다라"

잠깐 이건 뭐지? 나랏말이 그러니까 한국말이 중국어와 달라
서 백성들이 불쌍해서 이 한글을 만들었다고? 그것도 세종대왕
이? 아니 한글을 우리나라 문자가 없어 만든 게 아니고, 외국어
배우기 위한 그 중에서도 중국어를 배우려고 만들었다는 거네?
이건 진짜 말도 안 돼! 한국말하고 중국말하고 다른 거 당연한
거 아냐? 진짜 웃긴다! 그런데 당연한 이 말을 세종대왕이 왜 하
셨지?

그런데 잠깐! 이 말을 요즘 식으로 하면

"한국어가 영어하고 달라서 우리 국민들이 불쌍해서 한글로영어 나왔어요!"

하고 같은 뜻 아냐? 그럼 그때는 도대체 중국어를 어떻게 배웠길래 백성들이 불쌍했을 정도였지?

이두문자로 배웠다고? 이두문자가 뭐지? 그건 예를 들어 동녘 동(東)을 배운다면 길 도(道) 자와 붉을 홍(紅)을 써서 道 紅을 빨리 읽어서 東을 배우는 거야. 이해가 안 되네. 잠깐 한번 해 보자.

道(도) 紅(홍) 도 홍 도홍 도홍 도홍 도옹 동!

동 되네 동(東)! 道紅이 東되네. 중국어를 중국어로 배우는 거네. 이게 이두문자라는 거구나. 이거 너무 억지 아냐? 백성들이 불쌍할 만하네! 그런데 이런 걸 누가 만들었지? 아니 도대체 누가? 누가 이렇게 배우라고 한 거야? 잠깐! 지금이랑 똑같잖아. 우리가 영어를 영어로 배우고 있잖아! 아니지. 영어를 영어보다 더 어려운 로마자로 발음기호 적어서 배우고 있잖아.

osteoporosis [ɑ̀stioupəróusis/ɔ̀s-]

그럼 지금은 더 바보짓 하고 있는 거네. 아니 미국 원어민들도 그렇게 안 배우는데.

Osteoporosis 어스티오퍼로우씨스 골다공증

우리는 이렇게 써 놓고 입으로 여러 번 읽으면 될 걸.

그런데 왜 이렇게 어렵게 이두문자로 중국어를 하게 했지? 그럼 중국에 유학 안 가면 절대 말 못 했겠네. 양반 아니고 돈도 없으면 평생 못 배웠겠네. 머리 나쁘면 절대 못 했겠네? 아 그래서 중국어가 유학파들이나 양반들만의 전유물이자 특권이었겠구나. 그럼 그때 중국어 좀 잘하면 대단했겠네.

그래서 세종대왕도 한글 창제하시고 바로 한글로 중국어 교재를 만드신 거다. 고려시대부터 전해 내려오는 유명한 중국어 교재 『노걸대』를 가지고 중국어 밑에 한글로 소리 적고 뜻도 적어 놓으셨다! 한글만 읽을 줄 알면 너도나도 이 교재로 중국어를 쉽게 배울 수 있었던 것이다. 맘먹고 하면 두 시간만에도 배운다는 게 한글인데. 한글 쉽게 배워서 백성들이 중국어 잘할 수 있었겠네. 희망 있었네! 이제 다시는 불쌍하지 않았겠네. 가난해도 힘들어도 노력만 하면 중국어 잘할 수 있었겠네. 개천에서 용 나겠네!

그러면 얼마나 좋았겠는가? 안돼. 나만 잘 해야 특권 누리지. 너도나도 중국어 잘하면 내 특권은? 안돼! 절대 안 돼지. 양반들이 벌떼같이 일어나서 날마다 격하게 데모했다.

전하~ 아니 되옵니다.
무슨 중국어를 한글로 합니까? 무식하게?? 게다가 중국 황제가 우리가 글 만든 거 알면 우리 골치 아픕니다!

최만리의 상소문이 내 가슴을 멍들게 한다. 도대체 이 양반들 한국 사람 맞아? 중국 사람 아냐? 아랫것들은 평생 부려먹고 우리 양반들끼리 잘 살자고? 기가 막혀도 너무 기가 막힌다. 이래서 한글이 나오자마자 양반들의 특권의식으로 천한 글자가 되어 버렸네. 슬프도다.

그런데 또! 일제 강점기 때 일본인들의 혹독한 한글 말살정책을 거쳐서 영어 선생님이 영어 밑에 한글 쓰면 사정없이 때리고, 대대로 때리면서 오늘날까지 내려오더니, 이제는 우리 대부분이 한글을 무시한다. 참나 한글의 인생 참 모질고 모지네!

Osteoporosis 어스티오퍼로우씨스 골다공증

이렇게 쓰면 영어 좀 배웠다는 사람들은 악센트 표기를 안 했네요. 발음이 정확하지 않아요! 할머니들이나 하는 거예요. 그리고는 영어를 영어로 써서 배워야 한다네. 참나 이 일을 어쩐데.

한글로 무료공개강좌를 들으러 오는 분들에게 강의 시작하기 전에 일부러 물어본다.

한글로영어 하면 무슨 느낌이 드세요?

그럼 대부분 이렇게 대답한다.

초급영어 아니예요? 발음 콩글리쉬 되는 거 아니에요?
영어 밑에 한글 썼다 영어 선생님한테 무지 혼났는데 어떻게 한글로 영어가 된단 말이죠?

갑자기 세종대왕의 마음이 느껴진다. 지금의 이런 이야기들을 세종대왕이 듣고 계신다면 어떻게 느끼실까? 얼마나 통탄스러우실까? 한글날마다 뻑쩍지근하게 연례행사 하면서 그 본질을 모르다니. 자랑스러운 한글이라면서 정작 우리나라 사람들이 그 진가를 몰라도 너무 모른다.

눈물나는 현실. 그래서 『세종대왕의 눈물』을 썼다. 심혈을 기울여서 마음을 담아서 남편과 함께 글을 썼다. 한글을 무시하고 한글을 만든 목적도 모른 채 영어를 영어로 달달달 공부해온 우리나라. 해도 해도 말이 안 되고, 평생 영어만 하다 영어에 한 맺히고, 노후대책도 안 되고, 그 값을 너무 비싸게 톡톡히 치르고 사는 대한민국 학생들이 너무 안 돼서, 나처럼 행복하게 배우도록 해주고 싶어 책을 썼다.

아~ 눈물이 난다.

한글로 5개국어 물려준 엄마 이야기

미국 40년 살아도
영어가 안돼요

매주 월토로 무료강의를 한다. 많은 분들이 와서 듣는다. 강의 끝나면 항상 질문을 받는다. 이렇게 지금까지 800회를 훌쩍 넘겼다. 오늘도 어김없이 질문들이 쏟아진다. 이제는 새롭지가 않다. 질문하는 분들은 처음같이 묻지만 나에게는 같은 질문이 반복될 뿐이다. 때로는 생각해 본다. 다른 데 가서도 이렇게들 질문할까? 그런데 이번에는 질문 다 끝나고 정리하는데 어떤 여자 분이 조용히 다가와서 말한다.

여자 내가 미국에서 40년 살았는데 영어가 안돼요.
나 몇 년 사셨다고요? 사십 년요?

겉은 태연한 척했는데 속으로는 엄청 놀랐다. 어떻게 40년을 미국에서 살았는데 어떻게 영어를 말을 못할 수 있지? 그 비싼 돈 들여 영어 배우러 가는 미국. 나는 그때 돈이 없어 못간 미국

인데! 그래서 좀 더 싼 곳 찾아 필리핀으로 많이들 가던데.

일본은 그 미국을 쌀미(米) 자를 써서 米國인데. 우리는 그 미국을 아름다울 미(美)자를 써서 美國이라 쓰면서 좋게만 보는 그 미국. 난 미국에서 살다 오면 영어 무지 잘하는 줄 알았다. 그래서 미국 가는 사람들이 참 부러웠는데. 아니 미국에서 40년 살았는데 영어 말을 못한다고? 4년도 아니고 40년 살았는데… 그럼 미국 가도 영어가 안 되는 거야? 이건 나에게 엄청난 충격이다. 그런데 그런 분들이 속속 나온다! 그 이후로도 30년 사신 분도 20년 10년도 안 된 분들은 이제 당연한 거다. 이제 놀랍지도 않다.

그러다가 한글로영어가 미국에 갈 일이 우연히 생겼다. 미국에서 한인선교대회를 하는데 전 세계에 흩어져 있는 선교사님들과 그곳 교민들이 거의 삼천 명 정도 모인다. 사실 그 누구보다도 영어가 필요한 사람들이 바로 선교사님들이란다. 그분들 역시 자녀들의 교육문제도 절실한데, 한글로영어는 아이 어른 모두가 영어는 물론 중국어도 되니 딱 필요할 것 같다고 꼭 참가해 보란다.

그래서 갔다! 그런데 뜻밖의 사실을 알게 됐다. 대회에서 우리에게 준 부스에 엄마들이 아이들을 데리고 온다. 책을 사겠다고. 한 엄마에게 물었다.

나   이 아이가 영어를 못해요?

교민엄마 음… 여기 한국어 배우는데 아니에요?

나   네에? 아이가 한국어를 몰라요?

아니 어떻게 그럴 수가. 난 도무지 이해가 안 갔다. 어머니 그럼 이 책으로 어머니는 영어 공부하시고요, 아이들은 한국어 공부시키세요 했다.

알고 보니 자녀들과 함께 미국에 오면 세월이 흐를수록 아이들은 영어를 잘하는데 한국어를 못하고, 부모들은 영어를 못 한다는 것이다. 점점 대화에 불편함이 느껴지다가 아예 서로 말을 안 한다는 것이다. 그도 그렇지 학교 가면 아이들은 미국 문화에 젖게 될테고, 부모세대는 그래도 한국문화가 편할테고, 그래서 집에 오면 말도 안통하고 점점 생각도 안 통하는 것이다. 이렇게 말과 생각이 달라 교회 가서도 아이들은 영어예배 부모들은 한국어 예배 따로 드린단다. 그러니 부모로서 자녀가 또 걱정인 것이다. 영어는 배웠는데 한국어를 못하니 그래서 한글을 가르치고 싶어서 데리고 온 것이다. 물론 다 이런 건 절대 아니다. 다 부모의 생각과 철학대로 아이들은 자라니까.

사실 미국 가보니 LA 한인타운은 사실상 거의 한국이다. 영어 못해도 불편한 게 전혀 없더라. 하지만 그 편안함에 젖으면 영어 절대 못 하겠더라. 참 씁쓸했다. 잘못 배운 문법식 영어가 막상 현장에서 말을 하려고 하면 틀릴까봐 움츠리다 말도 못하고, 그래서 미국에서 10년 30년 40년을 살아도 영어를 못하는 것이다. 그때 난 감사했다. 우리 애들 어렸을 때 돈이 없어 미국 못 보낸 것을! 오히려 그 시골에서 한글로 써서 영어뿐만 아니라 중국어도 같이 할 수 있었던 것이다.

하지만 한국에서 보다 미국에서 한글로영어 전하는 게 더 쉽더라. 말만 되면 되니까. 문법 돼요? 읽기는 돼요? 시험은요? 하고 안 물으니까. 오히려 미국은 스페인어가 필요하다고 스페인어를 같이 만들어 달라고 부탁까지 한다. 왜요? 했더니, 여기 미

한글로 5개국어 물려준 엄마 이야기

국은 스페인어 쓰는 멕시코 사람들이 노동시장을 다 차지하고 있어서, 영어 잘하고 스페인어도 잘하면 매니저가 될 수 있고, 급여를 많이 받을 수 있게 된다는 것이다.

무거운 마음을 가지고 한국으로 돌아왔다. 이제는 한글로영어에 사명감이 생긴다. 자라나는 우리 아이들을 절대 우리 어른들의 영어에 대한 잘못된 생각대로 가르치면 안 돼. 그런데 난 새로운 사실을 알고 너무 억울했다!

말로 할 걸 글로만 했으니

IQ 30 이상이면 다 말할 수 있다. 영어를! 정말로? 그럼 난 뭐야? 중학교부터 대학까지 10년을 학교에서만 아니라 집에서도 그렇게 열심히 했는데. 그럼 내가 영어 못하는 이유가 IQ가 30도 안 돼서 그렇다는 거야? 기가 막혀. 게다가 나이하고 절대 상관없고 누구나 다 할 수 있다고? 단 조건이 딱 하나 있는데 반드시! 내 입으로 소리 내서 해야 한다는 것이다. 눈으로 읽기만 하고 문법으로 공부하면 말을 더 못하게 된다고?

이건 뭐지? 인간의 뇌에는 말 뇌와 글 뇌가 따로 있다고 한다. 말 뇌는 브로카 뇌라 해서 왼쪽 눈썹 바로 위쪽에 있는데, 청각기관하고 연결돼 있고. 글 뇌는 베르니케 뇌라 해서 뒤통수 쪽에 있는데, 시각기관하고 연결돼 있다. 글 뇌인 베르니케 뇌로는 눈으로 글을 읽어서 들어간다고? 그럼 말 뇌인 브로카 뇌는 청각기관하고 연결돼 있으니까 많이 들을수록 말이 잘 되겠네! 이상하다. 아무리 아무리 아무리 들어도 말로 입으로는 안 나오던데.

한글로 5개국어 물려준 엄마 이야기

뭔 소리인지도 모르겠던데. 하도 빨라서 정신 하나도 없어서 머리까지 돌아버리겠던데. 도대체! 어떻게 하라는 거지?

잠깐. 브로카 뇌는 들어서 하는 게 아니라고? 입으로 하나하나 소리를 내면서 입력해서 귀로 들어가야 작동한다고? 내 입으로 입 근육을 사용하면서 구조를 잘 잡고 소리를 내서 연습을 해야 하는데, 반드시 뜻을 알고 해야 한다고? 그럼 그 지긋지긋한 문법 이제 더 이상 안 배워도 된다는 말이야? 무조건 말로 해야 하는 거네. 그래서 말 잘하는 미국애들도 엄마한테 글도 모르고 말로 배워서 그렇게 잘하는 거구나? 문법이 뭔지도 전혀 모르고! 하긴. 모국어인 한국어도 만6년을 글 모르고 주변 소리 듣고 말로 배웠잖아!

억울하다 억울해. 내 영어 인생이 억울하고 아깝다! 그렇게 노력하고 노력했는데 말도 못하면서, 단어 철자 하나하나 외우면서 문법 통달한다고 바친 그 세월이 너무 아깝다. 그래도 다행이다. 내가 영어 못한 게 내 머리가 나쁜 게 아니라서. 그래. 여태 완전 잘못 배운 거다. 학교가 완전 잘못 가르친 거다. 문법에 쩔어서 말을 더 못하게 하는 거다. 방법이 완전 잘못된 거다! 입으로 해야 되는 것을 그간 눈으로만 해왔다니. 세상에. 그래서 문법적 틀이 머리에 딱 잡히게 되면 미국에 아무리 오래 살아도 틀릴까봐 겁나서 말 못하는 거구나.

우리나라 영어 정말 개판이네. 이건 정말 미친 짓이야! 밥을 입으로 먹을 걸 눈으로 먹는 거네. 그래 놓고 뭐? 개천에서 용이 안 난다고? 돈 없으면 절대 영어 못한다고? 그럼 영어 중국어 동시에 말 잘하는 우리 애들은 뭐야? 개천의 용인가? 아하 알겠다. 그 시골 학교에서 전교 꼴등였던 아들과 딸이 영어와 중국어를 동시에 그렇게 잘 하는 이유는 그냥 아침저녁으로 꾸준히 소리 내서 읽어서 잘한 거네. 그냥 입으로 해서.

잠깐! 인간에게 언어의 기적의 시기, 브로카 말 뇌의 기적의 시기가 인생에 딱 두 번 온다고? 언어의 기적의 시기? 3살 때 처음 오고, 3학년 때 두 번째로 온다고? 아하! 어린 초등학생 일수록 한글로영어를 그렇게 잘하는 이유가 여기 있었구나. 글 모르는 동생들이 옆에서 언니오빠 따라 영어를 너무 잘 따라 배웠던 이유가 여기 있었네. 내가 가르쳐 준 대로 한글로영어를 집에서 아이들과 하고 있는 엄마들이 놀래서 전화가 온다.

우리 애가 놀면서 그냥 영어로 말을 해요. 뭔 뜻인지 알고 하는 거예요?

말 뇌인 브로카 뇌는 태어날 때부터 100% 완벽해서 듣고 따라하는 능력이 기적적으로 뛰어나다. 그래서 글도 모르는 3-4살 아이들이 그렇게 말을 잘 배우는 것이다. 사실 이때 여러 나라 말 동시에 배울 수 있다. 스위스가 4개 국어를 모국어로 하는 것처럼!

3살 때 기적의 시기를 놓쳐도 괜찮을까? 괜찮다! 기적의 시기가 초등학교 3학년 때에 또 오니까. 그래서 3학년 때부터 영어 배우는 구나. 시기는 맞는데 방법이 완전 잘못된 거네. 와우! 우리 아들 딸 처음에 학교영어 집어치우고 말로 시작하길 참 잘 했네. 그냥 뜻만 알고 한글로 영어 읽게만 하면 될 걸.

불쌍한 우리 대한민국 아이들. 파닉스, 읽기, 단어, 문법, 독해,

듣기 시험 시험 시험 시험 시험! 내가 배운 그대로 우리 애들이 또! 배우고 있네. 기가 막혀. 되지도 않는 영어공부 한다고 스트레스는 엄청 받고 대학까지 나와도 영어 말이 안 돼. 다시 말 배우러 해마다 20만 명 이상 호주 뉴질랜드까지 말 배우러 가서는 힘든 일만 하면서 고생 고생하다 오고. 그러는 사이에 시간은 흐르고 부모들은 등골 휘어지고 노후대책도 안 되고.

이를 어쩌나?

한글로 5개국어 물려준 엄마 이야기

과거로 돌아간대도
한글로영어

　　　　　　타임머신을 타고서 과거로 날아가 보았다. 딸이 초등 6학년, 아들이 초등 3학년 때. 내 나이 사십이란 나이 때, 바로 한글로영어 초창기로 돌아간 것이다. 그 때는 한참 미래인 지금이 얼마나 막연하고 불안한가? 하지만 얼마나 희망찬 시기인가? 그 때는 우리 아이들 교육 잘 시키기만 하면 일단 좋은 고등학교 보내고 좋은 대학 보내야지. 그래서 잘 되면 하는 부푼 희망으로 가득 차 있었던 때였다. 사실 나도 누구보다도 지는 것 싫어하는 만만치 않은 엄마였지.

　지금 이 확실해진 미래에서 다시 그 시점으로 돌아가서 과거의 나를 만나보았다. 우리 집 작은 거실에 앉아있는 나의 모습이 보인다. 앞에 탁자에는 아들의 성적표가 보인다. 나의 모습이 그냥 멍해 보인다.

　성적표에는 기초학력 부족으로 학습에 흥미가 적으며 학습문제에 대한 이해력과 문제 해결력이 학반에서 가장 뒤떨어짐. 응용문제 계산 능력이 부족하고 사고력 응용력이 부족하여 전반적인 이해가 느림…

그야말로 그 시골에서도 전교 꼴등인 것인 셈이다. 아니, 대한민국 꼴등인가? 어떻게 해야 하지? 엄마로서 이 아들을 어떻게 해야 하지? 정말 깊은 고민에 빠졌지. 일말의 희망 마저도 없어진 것 같았다.

그래도 대학은 보내야 한다는 대한민국 모든 엄마들의 신념처럼 이 때 그 치열한 경쟁구도의 길로 갔다면, 지금 우리 아이들이 지금 어떻게 되었을까? 빡빡한 살림에 두 아이 학원 보낸다고, 또 남편 책값에 대학원 공부에 먼저 투자한다고 경제적으로 엄청 쪼달렸겠지. 이왕이면 성적 많이 올려주는 학원 보내겠지. 학교 끝나면 학원 여러 개 다닌다고 같이 저녁 먹는 게 어딨겠어? 얼굴보기도 힘들었을 거야. 그리고 마이너스 통장에 빚만 늘어가겠지?

그래도 이건 당연한 투자야. 애들의 미래를 위해서는 이 정도는 하면서 견뎌내겠지. 그러다가 점점 조급하고 초조해져서 시험보고 나면 성적표를 보고, 내 성격에 분명 애들을 잡아도 닭 잡듯 호되게 잡았을 거야. 한참 놀 나이에 제대로 놀지도 못하고

                                한글로 5개국어 물려준 엄마 이야기

엄마 눈치 보랴 아들 딸 둘 다 엄청 힘들었겠지. 이러다가 집안 꼴도 자주 험악해졌겠지.

그런데 잠깐! 돈 있는 사람들이라면 일률적으로 학원 보내겠어? 차라리 개인과외 시키겠지! 나 같아도 돈 있었으면 그럴 것이다. 그래야 차별화되고 경쟁에서 이기겠지. 돈이 더 많다면? 원어민 있는 비싼 영어학원 보내면 분명 영어 잘하리라는 환상에 빠져서 더 무리해서라도 보내겠지? 더 넉넉했더라면? 차라리 방학 때마다 미국 보내 버리겠지? 그러나 내 형편에 상상도 못하는 더 어마어마한 부자들은 나 같은 다수를 비웃듯 니들 아무리 해봐라 우리 근처도 못 와 하듯 더 차별화된 교육을 돈으로 사겠지?

그렇게 중고등 6년 온가족의 수고를 일생 단 한 번 있는 수능시험에 도박하듯 승부 걸겠지? 미끄러지지 말라며 미역국 안 먹이고, 잘 찍기만 하라고 도끼엿 주고, 잘 풀라고 휴지도 선물하겠지? 어떤 엄마들은 지극 정성으로 백일기도도 한다는데, 나는 그 기도 경쟁에서도 밀릴 것 같다.

그래도 내 형편에 최선을 다해서 우리 애들 대학 보낸다 치자. 당연히 전공보다는 좀 더 좋은 대학으로 보내려 안달이겠지. 대학 나오면 다 될 것처럼 그렇게 인생을 걸었는데. 좀 더 좋은 대학 못 나와 아쉬워 평생 위만 쳐다보고 살겠지.

그렇게 대학 나와보니 세상에 오라는 데가 없다. 지금은 갈 데가 더 없다. 대학을 졸업했는데 현실은 백수다. 바로 내가 그랬다. 사립대 사범대생들 목숨 걸고 도전하는 시험인 순위고사(그당시 임용고시). 몇 년을 준비한 시험이 하루아침에 없어진 그때의 참담한 심정을 어떻게 표현할 수 있으랴. 특히 당시 여자는 사립학교 선생님 되려면 많은 돈을 주고 들어가야 하는 아주 공공연한 비밀이 있었다. 그런데 돈이 어디 있는가? 우리집 형편에 대학 나온 것만으로 감지덕지인데.

이렇게 내가 실패한 길을 바보같이 우리 애들도 그대로 갔다면, 아무 생각 없이 남들 가는 대로 갔다면, 지극히 평범한 우리 애들이 어떻게 됐을까? 또 내가 이렇게 계획했다 해도 우리 아이들이 잘 따라와 줄까? 으 정말 끔찍하다. 그럼 지금쯤 토익 학원 기웃거리다 공무원 시험 생각했다가 이리저리 왔다 갔다 고민하다 황금 같은 20대가 다 가겠지. 이게 바로 공포영화다. 불 보듯이 뻔한 장면과 결말이다.

그래. 과감하게 내려놓자. 남들이 다 가는 길 안 가는 게 극도로 불안하지만 내려놓자. 무모하고 치열한 경쟁구도에서 어차피 이기지 못할 거라면 행복하기라도 하자! 오직 1%만을 위해 존재하는 이 경쟁구도에서 도무지 이길 자신도 전혀 없고 이러다 소중한 인생의 한 시절을 다 잃을 것 같다. 그냥 경쟁하지 말자.

한글로 5개국어 물려준 엄마 이야기

차라리 아침저녁으로 영어 다섯 번씩 꾸준히 읽게 하고, 점심 때 중국어 열 번 읽게 하고, 그냥 실컷 놀게 하자. 이 놀기 좋은 시골에서 맘껏 놀게 하자. 아이들 인생에서 이때 아니면 언제 놀겠어? 차라리 행복한 추억이라도 많이 만들어주자. 학원 보낼 돈 모아서 여행가자! 그리고 더 넓은 세상 보여주자!

이렇게 작은 거실에 앉아서 한참을 나의 양계장 속 닭 같았던 학창시절과 비교하면서 생각의 결론을 내렸다. 결론을 내리니 그 무엇보다 내가 엄마인 내가 편해졌다! 아이들을 안 잡아도 되었고 비교를 안 해도 되었다. 경쟁 가도에서 내려오니 이렇게 편하고 자유로울 수가! 그랬더니 가족이 모여서 얘기할 시간도 참 많아졌고 자기가 좋아하는 것을 얼마든지 할 수도 있었다.

그 대신 한글로영어는 꾸준히 하자. 안 읽으면 학교도 보내지 말자. 안 읽으면 저녁도 주지 말자. 이것만은 꾸준히 하자. 언어는 공부가 아니야. 일상의 연습이야. 그랬더니 지금 영어도 중국어도 말 잘하고 생각지도 못했던 대학에 장학금까지 따라왔다! 대학뿐이랴? 내가 좋아하는 일하면서 돌아다닐 더 넓은 세상이 있지 않은가?

타임머신을 타고 과거로 돌아가 보니 인생의 방향을 참 잘 잡았다 싶었다. 또 한글로영어 하기를 참 잘 했다 새삼 만족하면서! 그때에는 막연하고 불안한 미래였지만 또렷해진 현재로 다시 돌아왔다. 지금 나는 너무 행복하고 감사하다. 우리 딸 아들도 진심으로 감사하단다. 그래서 다른 사람에게도 영어와 중국어 아니 어떤 외국어라도 우리 애들처럼 그리고 나처럼 한글로 아주 쉽게 배울 수 있도록 진심으로 도와주고 싶다.

그런데 참 어려운 게 있다. 영어 가르치는 것 보다 이게 더 어렵다! 한글만 읽으면 할 수 있도록 다 해 놔서 진짜 한글만 읽으면 된다. 한글만 믿으면 된다. 그런데 이게 진짜 어렵다.

한글로 5개국어 물려준 엄마 이야기

영어? 진짜 어려운 건
따로 있다

　　　　　　　　　진짜 어려운 건 바로 생각을 바꿔주는 것이다. 각자 각자가 진지하게 묻는다. 그런데 다 똑같은 질문을 한다. 제일 많이 하는 질문이 바로 이것이다.

　학교 교육은 따라 가나요? 시험 성적은 잘 나오나요?
　3개월 하면 어느 정도 말을 하나요? 6개월 하면?
　그런데 입으로 읽기만 하면 응용은 되나요?
　한글만 보고 읽는데 애들이 영어를 읽을 줄 아나요?

　지금까지 안 되었던 게 다 되는지를 요구하듯이 묻는 것이다. 사실 처음 배우는 아이들은 아무 문제가 없다. 영어를 봐도 모르니까 처음부터 눈이 아예 한글로 간다. 배워가고 채워가는 단계라서 어른들이 가르쳐주는 그대로 배운다. 솔직히 뭐가 옳은지도 뭐가 틀린지도 모른다. 문제는 문법교육으로 잘못 배워

온 어른들에게 있다. 눈으로 배워 온 방식 그대로 질문을 하는 것이다.

한글로 영어를 원어민 소리 나는 그대로 표기해 봤다. 즉 한글 표기는 영어 소리인 것이다. 너무 빨라서 심해진 연음도 정확하게 표기한 것이다. 하지만 문법 교육만 오래 받은 사람들은 영어를 눈으로만 공부해왔기 때문에, 막상 소리를 내려 하면 입 근육이 잘 안 따라주고, 소리 내는 게 두렵고 창피하기도 하고, 또 소리로 하니 뜻이 전혀 안 들어와서 눈은 다시 영어로 가고, 영어 보니 대충 뜻은 들어오고, 그럼 또 다시 입이 점점 다물어져 가고 생각 속에서 영어를 읽으면서 영어를 잘 읽고 있다고 상상한다. 자기가 다 알고 있다고 생각을 한다. 원래 우리 사람의 눈이라는 게 사물이든 공부이든 고급이나 높은 것을 보면 아랫것이 시시해 보인다.

하지만 막상 책을 덮고 말하라 하면 눈은 위로 올라가고 머리는 핑핑 돌아가는데, 입은 안 따라주고 속은 답답해지고 한계에 부딪힌다. 그러면 나는 머리가 나빠서 그런 가봐 자책하면서 영어의 열등감에 빠져버린다. 그러다가 영어 말 잘 하는 사람을 보면 되게 부러워지고 대단하게 생각한다. 그래서 우리나라는 영어 원어민이 봉이 된 것이고, 우리나라 대한민국은 어느새 돈도 많이 벌고 극진히 대우받는 원어민들의 지상낙원이 되어 버렸

한글로 5개국어 물려준 엄마 이야기

엄마도 못이룬 잘못된 학습방법을
자녀에게 되물림 ~

다. 이제 영어는 돈 많은 사람들의 전유물이 되어버렸고, 개천에
서 용이 안 나오고 노력해도 안 되는 세상이 된 것이다. 그런데
우리 어른들의 생각은 좀처럼 바뀌질 않아서, 또 내 아이들을 내
가 잘못 배운 방식대로 가르치고 있다.

언제 읽어요? 파닉스는 언제 해요?
문법은 돼요? 시험은 따라가요?
듣기는 돼요? 응용은 돼요?

이런 질문을 개인적으로 온 국민이 다 한다.

한글로영어는 처음부터 뜻을 알고 말로 하니 듣는 즉시 뜻으로 들리게 되고, 말한 대로 읽다 보니 읽는 즉시 뜻으로 들어오게 된다. 문법을 배운 적도 없는데 문법이 저절로 정리가 된다. 바로 우리 모두가 한국어를 배운 것처럼 말이다.

그런데 이 불편한 진실! 영어 사업을 하면서 느낀 우리나라 영어 시장의 충격적인 현실을 알게 되었다.

개천에서 용 안나는
대한민국

어마어마한 충격이다. 이런 체계로 나가면 대한민국은 천년을 해도 절대로 영어 말 못한다. 거듭 말하지만 우리나라는 개천에서 용이 절대 안 나오게 돼있다. 돈 없으면 절대 영어 말 못한다. 노력해서 잘되면 그건 공평한 것이다. 노력을 했는데도 더 못하면 더 나빠지면 그건 희망마저 없는 것이다.

우리나라 대한민국 영어가 바로 그렇다. 노력해도 안 되고 희망마저 없다. 말도 안 되는 영어를 배우기 위해 우리는 더 가난해져야 하고 결과는 더 형편없어졌다. 어른들 돈 뼈빠지게 벌어서 영어에 다 갖다 바칠 수밖에 없는 시스템이 이 땅에 독재적인 진리처럼 설치고 있기 때문이다.

더 큰 문제는 그 잘못된 시스템이 잘 돌아가도록 나 자신도 열심히 도와주고 있다는 것이다. 어느 새 나 마저도 어딜 가나 그 시스템을 먼저 묻는다. 이미 온 국민이 세뇌당해 버렸다. 다시 말해서 그들의 사업 구미에 맞게 내 자신이 나를 쉽게 이용하도록 만들어주고 있는 것이다. 우리 아이들 그렇게 수십년을 공부해도 영어 말 한마디 못하도록, 바로 내가 도와주고 있다는 말이다. 정말 화려하고 고급스럽게 속고들 있다. 뭐 그래도 괜찮다! 너도 나도 다 같이 속으니까 적어도 불안하지는 않다. 아무리 진리라도 혼자 가면 극도로 불안한 것이다.

생각해 보시라. 내가 안된 영어를 우리 애들이 내가 해왔던 그대로 해서 말이 안 되기를 원하는가? 모든 방법을 총동원해서 배워도 결국 나처럼 된다. 불편하지만 듣기 싫을 수도 있지만 이건 반드시 알고 넘어가야 한다. 그래서 먼저 내 생각을 바꿔야 우리 자녀들이 미래가 바뀐다. 내 자녀가 나보다 더 잘 되길 원하면 내가 먼저 바뀌지 않으면 절대 안 된다.

먼저 영어교재에 대해 말해주고 싶다. 영어 책을 매달 새로 사서 하나 공부하고 치우고 또 하나 사서 공부하고 치우고 하는 그런 관습부터 제일 먼저 바꿔야 한다. 책은 매달 사서 눈으로 공부하는 게 아니다. 그러면 흘러가는 영어, 눈으로 구경만 하는 영어가 된다. 책 수백 권을 읽어봐라. 영어가 되나?

어른들은 자꾸 묻는다. 한글로영어는 무슨 영어냐고? 성인 영어, 애들 영어, 비즈니스 영어, 거기에다 중학교 영어, 고등학교 영어, 거기에다 초급, 중급, 고급, 거기에다 토익, 토플까지 다 따로 있는 줄 안다. 생각해 보시라. 이렇게 많은 종류의 영어들을

영어 종류마다 새 책을 매달 사서 매달 새로운 것을 공부하면 어떻게 되겠는가? 평생 책 사서 구경만 하다가 끝난다. 그러니 말이 될 리가 없다. 그래서 소비자들은 더! 말하고 싶어서 목말라 있다. 말하고 싶은 욕구에 더 타 들어간다. (그리고는 한글로영어에 와서 그 욕구를 몇 개월만에 해결해 주길 바란다.)

　영어 브랜드? 셀 수 없이 많다. 이왕이면 너도나도 아는 유명한 대학 이름 붙일수록 사업하기에 더 유리하다. 해외대학 이름 붙이면 마케팅은 끝났다. 그런데 내 영어가 되었나? 시험에는 도움이 될 수 있겠지만 말하는 데는 절대 도움 안 된다. 왜냐? 다 눈으로만 보고 흘려보냈기 때문이다.

브랜드뿐이랴. 대한민국처럼 영어학원이 이렇게 많은 나라는 어느 나라를 가도 눈 씻고 봐도 없다. 그 수많은 영어 학원들이 그동안 학교 성적 올려주는데 최선을 다하다가 시험의 백미인 수능시험이 끝나고 학원생 중 한 명이라도 유명 대학 합격하면 금방 현수막에 어느 대학 몇 명 합격! 자랑삼아 화려하게 걸쳐 놓는다. 우리 부모들을 그게 부러워서 또 그 학원을 너도나도 보낸다. 깜짝 놀랐다! 한국뿐만 아니라 중국을 가도 베트남을 가도 말레이시아를 가도 우리 교민들은 그런다.

그런데 어느 날 강의를 마치고 어느 노신사 분이 다가와서 해준 말에 너무 충격을 먹어서 아직도 그 기억이 생생하다.

조급함이 모든 것을 망친다

그 분이 경기도 한 도시에서 영어 학원을 경영하는데, 학생 수가 무려 600명이나 된단다. 묻지 않을 수 없었다.

나   아니 학생이 600명 정도면 일반 학교보다 더 큰데 뭐가 아쉬워서 여기까지 오셨나요? 어떻게 원생을 그렇게 많이 모았어요?

노신사   시설 멋지게 하고, 잘생긴 백인 원어민 쓰고, 사진 잘 찍어서 유리창 밖으로 사진 둘러치면 아이들 몇 백 금방 모아요. 그런데 말이 안 돼서 왔어요.

기가 막혀. 엄마들이 선물 사 들고 와서는 부탁한단다.

학부모   원장님 우리 아이는 꼭 좀 백인 원어민 수업에 넣어주세요~

너무 부끄럽지 않은가? 한국 사람으로서? 한국말도 못하는 백인 원어민이 도대체 우리에게 무슨 소용이란 말인가? 아무리 영어로 해도 못 알아들으니 가르치는 원어민도 하도 답답해서 오히려 한국어 밑에 영어로 토 달아 한국어 배워 영어를 가르치는데.

또 한국에서 영어 방송을 틀면 영어 잘하는 사람들이 혼자 열심히 떠들어댄다. 헐리우드 영화 미국 드라마 미국 뉴스 어마어마하게 방송에서 틀어준다. 그걸 조금이라도 들으려고 우리는  귀를 기울인다. 백날 들어봐라 되나? 천년을 들어봐라 되나? 될 수가 없다! 듣기만 해도 안 되고 책을 구경만 해도 안 된다. 종류별로 책 사서 열심히 정말 열심히 공부하고, 길 가면서 듣고 자면서도 듣고 수도 없이 듣고, 유명하다는 강의 심지어 원어민 강의까지 여기저기 기웃거리기를 얼마나 했는데, 학교에서도 시험 때마다 공부 죽어라 했는데, 그런데 왜 나는 영어가 안 될까? 더 열심히 해야 하나? 도

한글로 5개국어 물려준 엄마 이야기

대체 얼마나 열심히 해야 하나? 방법이 잘못된 줄은 아예 생각조차 안하고, 내가 열심히 안 해서 못하는 줄 안다.

결국은 그게 열등감으로 작용하고 대한민국 사람은 이 열등감에 빠져있다! 반대로 영어 잘하는 사람은 우월해지고 그러다 보니 그 열등감이 빨리 잘하고 싶은 욕망으로 나타난다. 결국은 빨리! 더 빨리! 잘할 수 있다는 광고에 사람들은 다 혹하고 넘어간다. 그래서 또 새롭게 해 본다. 이번엔 될 거야 하는 희망에 해마다 신년계획을 세워 열심히 해 본다. 그러나 또 안 된다. 이번에는 첨단적인 기술의 도구까지 등장한다. 그러나 또 안 된다. 진짜 안 된다!

조선 후기에는 이 아시아 지역에서 감히 조선의 영어실력 따라올 나라가 없다 할 정도로 우리나라가 영어를 그렇게 잘했다는데. 아니 지금은 돈도 많아. 시간도 널널해. 기계도 좋아. 그런데 왜 지금 우리나라는 이 아시아 지역에서 말하기가 꼴등일까? 왜 세계 157개 국가 중에 영어 말하기 순위가 소말리아 해적보다 말을 못하는 121위일까? 이렇게 실패를 반복하다 보니 이제는 깊은 의심에 빠진다. 의심이 불신으로 나타나서 이젠 믿을 게 없다.

그런데도 더 조급해지는 건 또 뭘까? 이 사회의 영어교육 시스템이 그렇게 우리를 몰아가기 때문이다. 어쩔 수 없기 때문이다. 하지만 조급한 마음에 빨리 시험도 듣기도 말도 모든 것도 다 잘하고 싶은 이 욕망이 너무 빨리 망하게 한다. 그러다 보니 회사들은 단기간에 빨리 될 것 같이 아주 쉽게 될 것 같이 광고한다. 어마어마한 광고들을 한다. 화려한 스타들 백인들 모셔 놓고 금방 될 것 같이 한다.

또 우리 어린 아이들은 영어를 말하는 게 아니고 스티커 붙이고 맞는 것끼리 줄 긋고 게임하고 학습지 채우기 바쁘다. 큰 아이들은 눈으로 공부하고 시험보고 시각적으로 화려한 책 만들어서 매달 사게 만드는 것이다. 사실 그래야 회사가 돌아간다. 그래야 회사를 운영해 나갈 수 있다. 그 대신 내 영어는 안 된다. 그러나 영어 말은 절대 안 된다. 그러다 보니 이제는 미국에서 직수입해온다. 미국 교과서부터 영어 덤핑 동화책까지 어마어마한 영어 책들이 쏟아져 나온다.

급하다 보니 순식간에 단기간에 원어민같이 좔~ 말하고 싶은 환상에 빠진다. 방에 가만 앉아서 일어나지도 않고 한 발짝도 안 떼고 생각은 히말라야 정상에 이미 가 있는 것과 같다. 그럼 어떻게 해야 하나? 그렇다 문제점은 잘 아는데 해결책이 없다?

아니다. 있다!

한글로 5개국어 물려준 엄마 이야기

아무튼 난 내 갈길 간다

사실 그 해결책은 특별하지도 않고 오히려 너무 시시할 정도다. 너무 비싸고, 너무 안 돼서 한이 되고, 노후 대책도 안 되는 아주 잘못된 일제 식민지 영어. 문법 영어. 더 이상 안 해도 된다. 영어 교재 매달 살 필요 없다. 파닉스부터 안 해도 된다. 비싼 돈 들여 영어 배우러 외국까지 안가도 된다. 이렇게 쉽게 갈 영어를 너무 특별하고 고급스럽게 남 따라 가면서 잘못 배우지 마라.

그럼 어떻게 하란 말인가? 정말 말이 되려면 똑같은 책을 지겹도록 반복해야 한다. 적어도 백 번을 내입으로 읽어줘야 한다. 그래야 착 달라붙는다! 그래서 교재가 아주 중요한 것이다.

미국인도 평생 쓰는 생활영어(토익영어) 한 권,

미국인이 학교가서 제일 먼저 배우는 학교영어(토플영어) 한 권,

또 다른 분야의 재미있는 동화책 한 권!

이렇게 최소 세 권의 책으로 나에게 맞는 양을 정해서 온 가족이 다 소리내서 읽기만 해라. 한번 읽고 끝이 아니라, 같은 내용을 며칠 아니 일주일이라도 읽고 또 읽고 반복해서 읽어야 한다. 이게 바로 영어의 초석 1층을 짓는 단계이다. 미국 원어민들은 이 영어의 1층을 글도 모르고 소리와 뜻으로만 6년을 쌓는다. 나도 아들 딸에게 같은 내용을 거의 한달동안 읽게 했다. 암기가 아닌 암송이었다. 툭 치면 입에서 툭 나올 정도로 했다.

어른들이 푸념한다.

내가 머리가 참 나쁜가 봐요. 뒤돌아서면 다 까먹고 하나도 생각이 안나요.

당연하지. 눈으로만 보고 머리로 암기하려 하니 될 리가 없지. 입으로 소리내서 같은 내용을 2주 정도 해봐라. 입에서 그냥 튀어나온다! 내가 잘한 것 중에 하나가 바로 이것. 아이들을 꾸준히 아침 저녁으로 다섯 번씩 읽게 한 것이다. 매일 아침 깨워서 학교 보내기도 힘든데 어떻게 영어를 다섯 번을 읽게 하냐고! 엄마들이 그건 절대 불가능하다는 눈빛으로 말한다. 그 상황은 나도 똑같았다. 아니 누구보다 더 힘든 조건이었다.

하지만 교육의 목적이 뭔가? 초중고 치열한 경쟁 거쳐 대학

한글로 5개국어 물려준 엄마 이야기

잘 보내는 게 목적인가? 아니면 대학도 잘 나오고 영어 중국어 좔~ 말하게 하는게 목적인가? 머리 좋고 공부 잘하는 아이들도 대학 나와서 좌절감을 느낀다. 70만 명 넘는 청년들이 공무원 시험으로 우르르 몰려간다. 공부 꽤나 했던 아이들이 전부 공무원 시험으로 간다. 이렇게 우리 아이들의 20대 시절이 거품처럼 스러져간다. 이 사이에 공무원 시험 영어는 또 대박을 친다. 요즘 20대들이 말한다. 이생망. 이번 생은 망했단다. 가슴 아프다. 이런 치열한 경쟁구도의 교육제도 아래에선 희망이 없다. 전교 꼴등 우리 아들은 오죽했으랴.

세월이 흘러 중국 북경 대외경제무역대학원에 들어간 딸이 졸업을 한학기 앞두고 있을 때, 희소식이 날라왔다.

엄마~ 나 홍콩에 취직했어! 총 7군데 이력서 넣었는데 뉴욕 홍콩 싱가폴 하노이 이 네 군데에서 오라 했어. 미국으로 가고 싶긴 한데 너무 멀고, 홍콩도 가서 살아보고 싶어서 결정했어. 그래야 영어랑 중국어 둘 다 쓰니까.

우리 딸은 당췌 입이 무거워 뭐가 확실히 확정돼야 말한다. 입에서 담아두었던 말이 쏟아져 나온다.

딸 싱가폴에 본사가 있는 홍콩에서 제일 큰 무역회사야. 면접을 컴퓨터 화상통화로 영어 중국어로 두 시간씩 두 번이나 보았어. 엄마 ~ 근데 취직하려면 추천서가 필요하거든? 그래서 그간 북경에서 일년 넘게 일했던 대한상공회의소 상사한테 부탁했어. 근데 뭐라고 써 주셨는지 알아?

나 뭐라 썼는데?

난 너무 궁금해 물었다.

한글로 5개국어 물려준 엄마 이야기

딸 그간 내가 일을 너무 잘해줘서 나를 보내는 게 개인적으로 너무 슬프다고 써준 거야. 심지어 추천서 주시기 전에 계속 남아서 같이 일하지 않겠냐고 제안하시더라구. 세상에 추천서를 그렇게까지 잘 써주시니 그걸 읽고 나도 놀랬지 뭐야.

그 추천서를 보내와서 나도 읽었는데 감동을 받아서 눈물이 핑 돌 정도다. 그간 딸에게 있었던 일들과 속에 담아둔 말들을 한꺼번에 털어내는데 그 말을 듣는 내내 나는 행복하고 또 너무 감사했다.
그런데 또 아들한테서도 희소식이!

아들, 영어 어학병 합격

         아들도 드디어 졸업을 한다. 졸업하기가 들어가기보다 더 힘들다는 그 중국 대학을! 비록 4년 장학생에 용돈까지 받고 그 유명하다는 상해交通대학에 합격했지만 솔직히 부모로서 걱정을 안 할 수가 없었다. 하지만 내 걱정이 무색하게 대학 생활을 너무 멋지게 해냈다. 중국어로 그 모든 강의도 알아듣고, 과제도 해내고, 그 과정 중에 로봇설계상도 타고, 멋지게 졸업을 하게 된 것이다. 우리는 입학식엔 안 갔지만, 졸업식에는 꼭 가보고 싶었다. 마침 그 해에 딸의 대학원 졸업도 같이 있었다. 이미 홍콩에서 한창 일하고 있던 터라, 자기 졸업식은 참석 안 해도 된다 해서 아들 졸업식에서 다 함께 만나기로 했다.

    7월 초에 졸업식이 있어 많이 더웠다. 좀 늦게 도착한 우리는 졸업식을 거행하고 있는 그 거대한 강당 안으로 들어갈 수도 없어서 밖에서 끝나기 만을 기다려야 했다. 갑자기 강당 안에서 노래 소리가 나더니 노래가 끝남과 동시에 일제히 와~ 고함치

한글로 5개국어 물려준 엄마 이야기

는 소리가 난다. 식이 끝났나? 생각하는 찰나 학생들이 막 쏟아져 나온다. 거기에 가족까지 어우러져 발 디딜 틈이 없다. 어렵게 아들을 찾았다. 너무 기쁘고 좋았다. 아들 졸업 축하해! 그런데 아들이 잠깐만 하더니 우리를 좀 여유 있는 곳으로 데려간다. 잠깐 여기 가만히 있어봐 하더니 몇 발자국 뒤로 간다. 그러더니 갑자기 큰 절을 한다. 엄마 아빠 감사합니다! 하면서! 갑자기 눈물이 왈칵 나오려고 한다.

초등학교 내내 전교 꼴등 했던 아들. 온 동네를 놀이터 삼아 놀다가 어둑어둑 해져야 집에 들어왔는데. 그래서 솔직히 대학은 정말 아예 포기했는데. 이랬던 아들의 졸업식을 다 오게 되다니 감개무량 하다는 뜻이 바로 이 느낌인가? 아들은 졸업 후 중국 여행 좀 하고 비자 만료 하루 앞두고 귀국했다.

이제 남은 건 단 하나. 대한민국 아들이라면 반드시 거쳐야 하는, 늦을수록 부담되는 군대를 가야한다. 친구들은 거의 다 대학 1학년이나 2학년 때 휴학하고 가는 군대를 아들은 장학생이라 4년 유학비자를 받았기 때문에 어쩔 수 없이 졸업하고 군대를 가야 했다.

우리는 이왕 가는 군대 어학병으로 가보라고 권했다. 그 말을 듣고 아들이 당연히 중국어 어학병에 지원했다. 아들은 이제 중국사람도 너 화교냐? 물어볼 정도로 중국어를 잘 한다. HSK는 공부 안하고 봐도 바로 6급 나오길래 그냥 자신만만하게 통역병 시험을 봤다. 그런데 이런… 떨어졌다. 뽑는 인원도 워낙 적었지만 자만과 방심이 가장 큰 문제인 것 같다. 그래도 관련 책을 사서 시험보는 기술을 공부 좀 했어야 했는데. 점수로만 모든 것을 평가하는 게 너무 아쉬웠다. 카투사를 지원해 볼까? 아냐, 거긴 지원자가 너무 많아서 영어 잘하고 못하고를 떠나서 복불복 당첨이라 했어.

그럼 영어 어학병 준비하자. 이번엔 그냥 대뜸 시험 보지 말고 좀 철저히 준비해서 시험 보자. 영어 어학병 들어가기가 하늘에 별따기라는데. 그래서 영어 어학병을 전문적으로 준비해주는 학원에 등록했다. 그러더니 학원에서 내준 자료들을 입으로 나불나불 하루 종일 나불나불. 뭔 소린지 모르겠다 너무 빨라서.

엄마~ 신기해! 입으로 하니까 단어가 금방 외워져. 자 한 번 맞나 봐봐.

군대 전문 용어들이 있는 자료들을 나에게 건네 준다. 그러면서 스스로를 테스트한다. 카페 가서 하루 종일 자리잡고 1600개 단어를 나불나불 하더니 그 많은 걸 2주 만에 다 외워버린다. 한 달을 그렇게 열심히 입으로 나불나불 하더니 바로 시험을 보겠

한글로 5개국어 물려준 엄마 이야기

단다. 그렇게 빨리 시험 봐서
떨어지면 어쩌려고 그러지?
좀 걱정된다.

결국 시험을 보고 오더니 제
법 잘 보았다고 한다. 다행이
다. 사실 아들이 미리 준비해
놓은 시험이 있었다. 봄에 한
국 오자마자 본 오픽 시험이
다. 읽기, 듣기로만 점수 내는
토익과는 다르게 오로지 말로 평가하는 시험이다. 오픽 시험 등
급과 함께 영어 어학병에 지원했다. 모든 서류를 다 작성해서 신
청해 놓고 또 조마조마한 기다림이 시작되었다. 이미 영어 잘 하
는 유학생들로 넘쳐나서 경쟁력이 치열할 텐데. 한 달 공부해서
나온 점수로 영어통역병 지원해서 합격하기를 바라는 건 너무
한 거 아냐? 기다림이란 참 초조한 것이다. 기다림의 경험이 그
리 많아도 익숙하지가 않다. 내려놓는 수밖에.

결국 그 날은 온다. 발표날이 온 것이다. 아들이 직접 와서 합
격 소식을 전해준다. 너무 기뻐 아들을 붙잡고 펄쩍펄쩍 뛰었다!
이렇게 아들이 가기만을 기다리고 기다리던 군대를 영어 어학병
으로 가게 된 것이다. 아무리 입대하기를 기다렸던 군대라지만

시간은 참 빨리도 간다. 바로 1월 초로 입대 날짜가 잡혔다. 논산 훈련소 입대 바로 하루 전 저녁에 머리 빡빡 밀고 집에 왔다. 낯설다. 아들이지만 참 낯서네. 훈련소 1개월 다 마치고 드디어 부대를 배치를 받았다.

세상에나 생각도 못했는데!

일반군인과
선수군인의 차이

아들이 어느 부대로 배치될까? 촉각을 곤두세우고 내가 아는 정보 내에서 최대한 기대도 하면서 기다리고 있는데. 전화가 왔다. 울리자마자 바로 받아서 아들이 말 꺼내기도 전에 대뜸 어디 됐어? 다짜고짜 물었다. 국군체육부대로 배치가 되었단다.

그런 부대도 있었어? 거긴 무슨 부대야?

우리나라 국가대표 운동선수들만 오는 부대인데 국제행사가 많아서 외국에 나갈 일도 많고 나갈 때마다 서류작업과 나가서 통역할 일도 많단다. 그런데 세상에 부대에 면회 가보니 시설도 너무 좋고 운동기구들도 없는 게 없으며 제일 좋은 기구들만 다 모아 놨다. 운동 좋아하는 아들 너무 좋겠다!

그런데 엄마~ 내가 영어 어학병으로 왔잖아. 지금 부대에 영어 어학병이 이미 있는데 내가 또 온 거야. 왜지 알아? 선임 영어어학병이 말야 토익 만점을 받았는데 엄마 토익 만점이야 만점! 영어 말을 엄청 잘할 줄 알고 부대에서 뽑았더니 말을 못해. 그래서 기대만큼 못하니 부대에서 무시당하고 있어. 그래서 말 잘하는 어학병이 필요해서 다시 뽑았는데 내가 온 거래! 그 선임 어학병 되게 착한데 좀 안됐어.

우린 또 한 번 우리나라 잘못된 영어현실을 접하게 되었다. 이게 과연 누구의 잘못인가? 그 친구는 그저 주어진 시스템과 상황에서 열심히 한 것뿐인데.

그런데 엄마~ 사람들이 또 놀래. 내가 중국어까지 잘하는 거 보고.
너 중국어도 할 줄 알아? 도대체 어떻게 한 거야? 좀 알려줘 봐 신기하네.

주변에 일반 병사들이나 군인으로 온 운동선수들도 심지어 하사관들까지 다 와서 묻더란다. 그런데 희한하게도 확연하게 나뉘더란다. 일반 병사들 즉 학교에서 정규수업 영어 문법교육을 듣고 수능 봐서 대학 나온 친구들과 죽을 것 같은 인내심을

가지고 죽어라 운동해서 기본기 다지고 국가대표까지 된 운동선
수들은 정말 뚜렷하게 다르다는 것.

한글로 써서 입으로 반복해서 그저 꾸준히만 읽으면 돼.

말해주면 일반병들은 에이~ 그게 말이 돼? 하고 시시하게 넘
겨버리고 그래도 영어는 잘하고 싶어 교재를 사 놓긴 했는데 얼
마 못 가 실패하고. 운동선수들은 뭐야~ 입 운동이네. 쉽네. 하
면서 그냥 받아들이고 방법을 알려주니 그대로 자기보다 더 꾸
준히 하더란다.

이 운동하면서 중얼중얼, 저 운동하면서 중얼중얼

이렇게 달라도 너무 다르다. 한참 지나서 선수에게 찾아가 생
각나서 한글로영어 하고 있습니까? 물으면 그럼 하고 있지. 두세
달이 지나 지금쯤이면 시시해져서 아마 안 할지도 몰라 또 물으
면 그럼 계속 하고 있지! 참 신기하고 대단해 운동선수들. 그래
서 국가대표인가 보다. 또 운동하면서 외국에 자주 나가다 보니
영어는 말이 더 중요하다는 걸 누구보다 잘 알고 있는 거겠지.
그래도 영어 어학병으로 가서 중국어까지 말을 잘하니 또 많

은 기회들이 굴러 들어온다. 관용 여권으로 유럽도 가고 동남아시아도 가고 중국에 아랍에 러시아까지 가보고 넉넉히 용돈도 받고 국제행사 통역도 하고 세상을 두루 다니며 많은 경험도 하고 배우기도 하고. 아들이 휴가 나와서 우리에게 참 많은 얘기들을 해준다. 우리는 눈이 반짝 귀가 쫑긋 재밌게 듣는다.

한참 재밌게 듣는 데 아들 폰이 울린다. 갑자기 아들이 얘기를 급히 끝내고 방으로 들어간다. 왜 저러지? 따라 가봤더니 열심히 스페인어와 일본어를 읽고 있다. 읽는 시간을 알람을 설정해 놓고 정한 시간에 읽는 구나. 요즘 누나랑 스페인어를 서로 주고받고 하더니 이거였구나! 군대 내무반에서 TV보는 시간에 스페인어와 일본어를 매일 읽는단다. 시키지도 않았는데 자투리 시간

한글로 5개국어 물려준 엄마 이야기

에 내가 만든 5개국어 교재로 스페인어와 일본어를 꾸준히 읽고 있네. 딸도 역시 매일 아침 저녁으로 시간을 정해 놓고 꾸준히 스페인어를 읽는다. 지금은 스페인어가 들리고 말이 나오는 재미에, 입에서 좔좔 나오는 신기함에 갈수록 열심히 한다. 보람이 느껴진다. 어릴 때 한번 습관 잡아주고 아이들이 직접 말이 되는 체험을 몸소 하고 나니 이젠 알아서들 언어를 섭렵해 나간다. 외국어 배우는 건 이제 너무 쉽다고 한다.

또 아들은 부대에서 일을 잘해서 인지 부대장님이 제대하지 말고 좀 더 남아서 하사관으로 일을 해달라고 제안을 여러 번 했다. 사실 큰 국제대회 즉 전세계 군인 올림픽 같은 큰 행사를 앞두고 있어서 그게 중국 우한에서 3개월 후에 개최되는데 영어 중국어로 말 잘하는 사람이 너무 필요한 상황이었다. 하지만 아무래도 아들에게 하사관 6개월은 너무 길었는지 바로 제대하고 나왔다. 이런 저런 세상 경험을 유학 가서도 군대 가서도 누리면서 느끼다 보니 갑자기 과거의 한순간이 기억난다. 순간 내가 잘못 선택했으면? 소름이 끼친다.

한순간의 엄마의 선택이 이런 거였어?

선생님 덕분에 제 인생이
달라졌어요

폰으로 전화벨이 울린다. 누구지? 하고 폰을 보는데 저장된 이름이 아는 엄마다. 얼른 받았다. 아니 이게 누구야! 웬일이야? 거의 6년 만에 전화가 온 것이다. 너무 반가워서 안부를 물으면서 이런 저런 이야기하다가 고민을 털어놓는다.

있죠 하정이 때문에 전화했어요. 하정이가 경주여고 들어갔잖아요. 공부를 잘했는데 잠시 방심해서 수능 점수가 잘 안 나왔어요. 그래서 자기가 원하는 대학에 못 가니까 눈물 뚜욱뚝 흘리면서 재수하겠다고 난리 났어요. 자기보다 공부 못했던 애들도 자기 보다 더 좋은 대학 들어갔다고. 재수학원은 안 보내줘도 되니까 집에서 밥만 먹여 달래요. 도서관 가서 공부하겠다고요. 우리는 집안 형편도 있고 해서 지방 국립대 들어가라 했는데 도통 말을 안 들어요. 어쩜 좋아요~

한글로 5개국어 물려준 엄마 이야기

에고~ 어쩜 좋을까? 그래서 하정이가 어떤 아이였나? 곰곰이 생각해봤다. 경주에서 동네 아이들 한글로영어 가르칠 때 나를 참 기분 좋게 해줬던 아이였지. 학교에서 일어났던 이야기도 재밌게 말해주고 오히려 내 고민도 들어주고. 내가 아이들을 일대일로 가르쳐서 목이 많이 아프면 선생님은 쉬세요~ 오늘 진도 어디예요? 몇 번 읽어요? 묻고는 혼자서 1인 다역 하면서 연기력을 불살라 읽었지! 다 읽고 나면 선생님~ 복습은 어디예요? 두 번 읽으면 되죠?

영어를 너무 잘해서 경주에서 전체 초등학교 대상 영어 말하기 대회를 개최하면 해마다 학교 대표로 나가서 전체 일등을 늘 했다! 원어민 프리토킹 테스트에서도 인터뷰를 너무 잘하고 발음도 너무 좋아서 원어민도 놀랄 정도였다. 한번은 경주에서 국제 태권도 대회가 열렸는데, 어른들 사이에서 영어통역 도우미로도 나갈 정도였다.

그런데 이 아이가 대학 때문에 깊은 좌절과 고민에 빠진 거였다. 어떻게 도와줘야 하지? 나도 고민된다. 이 길이 좋을까? 저 길이 좋을까? 대학! 대학! 대학! 그 인서울이 뭐라고. 엄마의 고민에 나도 고민된다. 뭐가 좋은 길일까? 일 년 재수해서 좋은 대학 가는 걸까? 그래서 더 점수 떨어져 목표를 못 이루면? 아니지 더 잘 나와서 더 좋은 대학 갈 수도 있잖아. 충분히 그럴 수 있는

아이잖아! 그럼 대학 나와서는? 뭐가 중헌디? 내 자식이라면 적
극 이래라 저래라 하겠는데 말이지.

결국은 서울 우리 집에 오게 해서 여러 날 함께 머리 맞대며
얘기하고 정보 주고 방향 제시해 주었더니 아이 스스로 결정했
다! 결국은 가고 싶었던 학과에 지방 국립대로 들어가기로 그
리고 얼른 토플 시험 봐서 교환학생 지원해서 유학 가기로 그
렇게 해결이 난 것이다. 그리고는 잘 살고 있는지 한동안 또 연
락이 없었는데 어느 날 카톡으로 문자가 하나 날라왔다. 하정
이 엄마다!

선생님! 하정이가요. 교환학생으로 캐나다에 유학을 갔거든요. 하
정이한테 문자가 왔는데요 글쎄! 캐나다 호스트 대디 마미가 한국
에서 유학 온 학생들 중에서 너처럼 영어 잘하는 아이 처음 봤다고
너 미국에서 살았었니? 하고 물었데요.
하정이가 또 선생님 때문에 중국어도 같이 배웠잖아요. 거기에 중
국에서 온 유학생들이 그렇게 많데요. 근데 하정이가 중국어도 잘
해서 중국 친구들도 많이 사귀고 또 그 친구들한테 중국어로 영어
도 가르쳐 주었더니 고맙다고 맛있는 것 많이 사주더래요.

듣는 나도 덩달아 신이 난다. 자신감 회복했네! 듣는 내내 나

하정 · 민우맘

경주 그 외진 시골에서 사모님께 영어 배우던 초등학교 3학년 아이가 지금 대학생이 되어 캐나다에 교환학생으로 가 있습니다 · 홈스테이 대디 · 마미가 묻습니다 :"너 혹시 미국에서 살았니?이제까지 한국에서 교환학생으로 온 학생들 중에 너처럼 영어하는 아이는 없었어 :"
사모님~~^^감사합니다 ·

3월 22일 오후 9:01 ☺ 3 💬

도 행복했다. 아직도 스승의 날이면 이렇게 감사 담긴 문자를 보내온다.

선생님 덕분에 내 인생이 달라졌어요~ 감사해요!

대한민국 우리 아이들이 순위권 대학 이름에 꽁꽁 묶여서 내 자신과 사회가 만든 대학 신분제도에 스스로 묶이지 말고, 내가 좋아하는 일과 한글로 영어 중국어 다른 언어들도 쉽게 배워서, 세계를 무대삼아 맘껏 날아다니도록 도와주고 싶다는 사명감에 여기저기 전국을 다니며 강의하면서 열심히 활동하고 있는데,

헉 이건 또 무슨 일? 큰일 났다!

한글로 날개를 달다

코로나, 모든 것이 멈추다

저 뉴스는 뭐지? 중국 우한에 뭐? 코로나? 먼 나라 이웃나라 해외뉴스네. 처음에 그렇게 생각했다. 그러다가 매일 뉴스에 나오는데 아… 좀 심각한 것 같다. 마침 우리 아들 군대 제대 직전에 전세계 군인 체육대회가 중국 우한에서 개최되는데 그 대회가 너무 중요해서 부대장님이 하사관으로 6개월 더 남아있기를 권유했는데. 와… 안 가길 너무 잘했네. 거기 갔으면 큰일 날 뻔했겠다. 이렇게만 생각했다. 그러더니 이 바이러스가 순식간에 전 세계로 쫙 퍼진다. 날마다 들어서 이름도 새겨진다. 코. 로. 나.

우리나라에도 들어왔다고 한다. 서울부터 퍼진다. 우리 동네에도 확진자가 나왔다. 나에게 점점 조여오더니 그게 바로 직격탄이 되어버렸다! 내 지방 강의 초청들이 갑자기 다 취소되어 버렸다. 갑자기 내 할 일들을 빼앗겼다. 토요일 정기 무료강의도 1박2일 교사연수도 다 취소됐다.

갑자기 많이 주어진 시간에 뭘 해야 할지도 모르겠다. 나는 늘 바쁜 사람이었는데. 아냐, 금방 끝날 거야. 사람들이 전화하면 으레 묻는다. 원장님~ 바쁘시죠? 그래. 나는 항상 바빴지. 사실 안 바빠도 바쁘다고 말해야 하는 이 시대에 나는 찰나적 고민을 한다. 그래도 말한다. 아뇨! 안 바빠요. 시간이 남아 돌아요! 눈코 뜰 새 없이 너무 바쁠 때는 맘껏 게으름 피우고 싶을 정도의 시간적 여유가 너무 부러웠는데, 그 여유가 이렇게 강제로 갑자기 주어지니 굉장히 불안하다. 갑자기 주어진 시간에 뭘 해야 할지 도통 모르겠다.

강의로 북적북적 대던 회사도 갑자기 조용해진다. 갑작스러운 공포감이 엄습해온다. 불안함이 내 상상과 폭발을 일으켜 나를 산산조각 낸다. 밖에 나가기만 하면 보이지 않는 무서운 바이러스 유령이 나를 삼키려고 숨어있는 것 같다. 어떡하지? 그래 줄이자. 강의장 임대비도. 창고 임대비도!

그러다가 딸이 어느 날 줌 수업을 듣는단다.

나 줌? 그게 뭐야? 어떻게 해?
딸 그게 말야~ 시간도 갑자기 많아지고 코로나로 외출하기도 힘들고 그래서 중국어로 의료통역사 시험을 준비해 볼까 해. 마침 전문과정이 있길래 서류신청을 했는데 경쟁률 쟁쟁한데서 붙을려나 걱정했는데 면접까지 다 합격했어! 수업은 각자 집에서 컴퓨터 화상으로 한대.

그러더니 매주 토요일마다 아침 9시부터 오후 6시까지 6개월 동안 강의를 듣는다. 나도 옆 소파에 누워서 컴퓨터로 들리는 대학병원 의사 교수님들과 외대 교수님 강의를 같이 듣는데, 이게 은근 재밌다. 우리 딸은 뭐지? 멘탈이 나보다 강하네. 시간을 어쩜 참 알차게 보내네. 나는 그 시간에 뭐하지? 그동안 일한다고 살림도 잘 못 챙기고, 요리도 잘 못하고, 남편하고 자꾸 다투고… .

다행히도 코로나 전에 천 번 넘게 공개강의를 해왔던 걸 영상으로 만들어서 유튜브에 다 올려 놨다. 코로나로 내가 강의를 못 가고 사람들이 내 강의에 못 와도 집에서 다 들을 수 있게 해 놨다. 이제는 어딜 안 나가도 강의도 수업도 집에서 다 듣고 물건도 집에서 다 사서 배달시킨다. 세상이 순식간에 확 달라졌다.

난 아직도 어쩔 줄 모르고 어영부영 하고 있는데 갑자기 딸이 또 제안을 한다. 줌으로 교사연수를 하잔다. 딸이 듣는 의료통역 줌 수업을 그대로 벤치마킹해서! 줌으로 교사연수를? 인터넷으로 물건을 하나 구매해 본 적 없는 느려도 너무 느린 내가 줌으로 교사연수를? 코로나 시기라 집집마다 다 줌으로 학교 수업 듣기 시작했어. 다들 집에 있는 시간도 많아지고 줌으로 수업하기에는 한글로영어가 딱이야! 하면서 내가 강의만 할 수 있게 모든 일을 다 추진해 버린다. 일 추진하는 게 아주 지 아빠를 쏙 빼닮았다.

코로나! 외국어훈련 기회~

그래서 줌으로 첫번째 교사 연수를 하게 되었다. 컴퓨터 앞에 앉았다. 컴퓨터 저 너머로 많은 얼굴들이 똘망똘망 나를 쳐다본다. 너무 긴장을 한 탓인지 내 몸이 굳어진다. 건드리면 얼음처럼 부서질 것 같다. 저쪽 소리가 안 들리니 내 목소리는 점점 커지고, 지금까지 1박 2일로 해온 교육 틀을 다 바꿔서 3주 과정으로 늘이니, 진이 빠지고 얼도 빠져나가는 것 같다.

그런데 이게 뭐야? 꿈이야 생시야?

딸, 의료통역사가 되다

　　　　　　　　　이게 진짜냐? 그럼 진짜지 가짜야?
너무 좋아서 꿈인가 생시인가 해서~^^ 우리 친정 엄마가 소식 듣
고 전화가 와서 한 말이다!

딸 헐 엄마! 나 합격했어!
나 엥? 진짜?? 와우!!

　　한동안 얼싸안고 껑충껑충 춤을 췄다. 한동안 막춤을 꽉 췄
다! 한글로영어 1호 우리 딸이 의료 통역능력 검정시험에 최종
합격 통보를 받은 것이다! 그 쟁쟁한 중국어 실력자들 가운데서
매년 최종 10여명 뽑힌다는 합격률 18퍼센트에 들어간 것이다.
옆에서 그 모든 과정을 지켜본 나로서는 기뻐서 뛰지 않을 수가
없었다.
　　그 과정은 이렇다. 통역시험과는 별개로 전문과정에 어렵게

발탁되어서, 매주 토요일 아침 9시부터 저녁 6시까지 강의를 듣는다. 6개월 정도를 줌으로 하는 강의를 듣는다. 오전은 과별로 의대교수님 강의 4시간, 오후는 한국외대 통역대학원

교수님들의 스파르타식 통역훈련도 4시간. 토요일이면 꼼짝없이 어디 가지도 못하고 컴퓨터 앞에서 하루 종일 강의 듣는데, 으메 이건 완전 의대생 수업이네. 아이고, 어려워라. 의학 용어는 또 다 영어인데 중국어로도 또 외워야 되고 저걸 어떻게 합격하지? 한국어로 해도 너무 어려운데. 그걸 아는지 강의해주는 주최 측에서 힘내라고 간간히 큰 선물 포장 박스를 보내준다. 이게 뭐지? 열어보면 옛날 종합선물 세트 세 배 크기에 이것저것 선물이 잔뜩 들어있다. 내가 좋아하는 영양갱에 컵라면까지!

　드디어 필기시험 날짜가 다가왔다. 시험 전 몇 주간은 정말 일 끝나고 집 와서도 열심히 공부한다. 엄마 나 필기부터 떨어지면 어떡하지? 그 말에 내 가슴 저 밑으로 쿵! 우와 그런데 합격했

다! 이제 마지막 관문. 제일 어려운 관문이 남았다. 실기시험인 구술시험이 남았다. 붙기가 하늘에 별따기라던데 어쩌나. 동생하고 둘이서 가상시험이다 생각하고 서로 중국어로 주고받기도 하고. 둘 다 영어 중국어로 말이 되니 이런 건 참 편하네!

드디어 시험날짜가 다가왔다. 근데 이게 뭔 일이래? 시험이 갑자기 연기되었다고 당일 새벽에 통보가 온 것이다. 황당하네. 그래. 공부 더하라고 시간 더 준 걸거야 하며 딸은 다시 공부한다. 나불 나불 중얼 중얼. 시험 날짜가 다시 정해졌는데 이건 또 뭔 일 이래? 코로나 때문에 두 번에 걸쳐서 시험을 봐야 하니 1차에 볼 지 2차에 볼 지 선택을 해야 한단다. 온 가족이 심각한 고민에 빠졌다. 처음에 봐야 하나? 공부 좀 더해서 2주 후에 2차에 봐야하나? 결국은 1차에 보기로 과감하고 대담한 결정을 호기롭게 했다. 하루 종일 기대와 긴장 끝에 구술시험이 끝나고 딸 전화가 왔다.

엄마 시험 너무 어려웠어 기대하지 마~

그런데 오늘 아침 발표가 난 것이다. 합격!!

숨차게 뛰다가 춤추다가 나중에는 눈물이 찔끔 나온다. 너무 기쁘니 이렇게 눈물도 나는구나. 중국 10년차 한국인 유학생들,

　　　　　　　　　한글로 5개국어 물려준 엄마 이야기

한국에서 10년 산 중국인들 넘실대는 사이에서 재수하는 사람도 그렇게 많다는데. 중국에서 고작 2년 남짓 살다 온 새내기가 매년 10여명만 합격한다는 국가 보건복지부 주관 그 어려운 의료통역 시험을 첫 도전에 성공한 것이다! 딸이 중2부터 한글로 중국어 읽기 시작해서 중3까지 2년간 매일 읽었던 게 이렇게 평생 재산이 될 줄이야.

   그런 와중에 우리 딸이 또 일을 냈다!

딸 아들에게 두 날개를

코로나가 금방 끝날 줄 알았는데 길어야 1년이면 끝나겠지. 좀만 참자. 좀만 참자. 그런데 코로나의 쓰나미는 갈수록 거세지면서 지구를 한바퀴 휩쓸어 버리더니 또 한바퀴를 거세게 돌고 있다. 그래도 우리 사람은 끊임없이 움직이며 뭔가 내 할 거리를 찾나 보다. 우리 딸이 그 사이에 또 일을 벌였다.

중국어로 의료통역을 따더니 끝날 줄 아는 코로나가 길어지자 또 도전을 했다. 영어로 의료통역 준비하자 마음먹은 것이다. 중국어로 처음에 힘든 것을 도전해서 합격하니까 그게 경험이 돼서 시간 낭비없이 영어로는 이제 쉽게 준비한다. 그래도 자기가 해야 할건 해야 하니까 회사 일 끝나고 날마다 중얼중얼 하루 이틀 세 달 네 달 중얼중얼 입으로 늘 같은 것 반복하는 게 지겹기도 할텐데, 슬럼프 극복도 이제는 습관이 돼서 잘도 이겨낸다. 첫번째 경험이 있으니까 느슨해질 만도 한데 준비를 더 철저히 한다. 첫번째와 두번째의 느낌이 이렇게도 다를 수 있나? 두번째 지켜보는 우리도 오히려 느슨해져 처음만큼 떨림도 설레임도 조금은 덜하다.

영어 의료통역사 지원자는 더 많고 시험은 더 어려웠단다. 그래도 합격자 발표날은 떨리네! 미리 장담하는 딸이 아닌데 시험 보고 생각보다 잘 봤는지 붙을 것 같다는 그 한마디에 왠지 당연한 것처럼 느껴지는 이 여유는 뭐지? 그래도 합격자 발표날이 오니까 조마조마하다. 심장이 쫄깃해진다. 기다림은 항상 중력 없는 우주를 떠다니는 것 같은 느낌이다.

캬~ 역시 합격했다! 우리 딸이 일냈네! 일냈어! 기쁘다! 행복하다! 이리하여 딸은 국가에서 인증하는 영어 중국어 의료통역사가 된 것이다. 한글로영어 쾌거다!

그런데 우리 딸은 그걸로 만족하지 않았다. 그동안 공부했던 중국어 영어 의료통역 자료들을 꼼꼼히 정리하더니 또 그것들을 책으로 낸 것이다! 시험공부법은 물론 전부 한글로 발음 달아 만든 영어 의학용어 총집합이다. 의료통역 도전하는 분들은 말 한마디 안 나오는 공부방법으로 더 이상 헤매지 않고 그들의 시간을 절약해주고 싶다고 책을 쓴 것이다. 책 산 사람들에게 또 매일 훈련도 시켜주고 있다. 참 대단하다. 코로나 시대를 참 알뜰하게 잘 살고 있다. 대견하다.

한편 이 어려운 코로나 시대에 취직하기가 정말 힘들다는데 아들도 대기업 해외영업부에 합격이 되었다! 딱 한 명 뽑는데 그 한 명에 된 것이다. 그간 1년 인턴사원 하면서 틈틈이 부지런히 취업에 필요한 서류들도 준비하고, 자격증도 따 놓고, 여기저기 이력서를 넣었다. 코로나 시대라 취직하기가 하늘의 별따기라는데 어쩜 이렇게 처절할 수가! 정말이지 초등학교 시험부터 취업까지 끝도 없는 경쟁, 경쟁, 경쟁이다. 지켜보는 내내 부모로서 마음이 참 안타깝고 짠하고 애처로웠다. 대한민국 20대 청년들 중 한 사람을 옆에서 지켜보면서 그 수많은 경쟁에서 처절하게 몸부림치는 모습이 참 안타깝지만 잘 헤쳐 나가는 그들이 한편으로 참 대단했다. 한 번뿐인 인생에서 내가 진정 사명가지고 하고 싶은 일을 찾을 때까지 직장일에 충실해야겠죠?

　　　　　　　　　　　　　　　　한글로 5개국어 물려준 엄마 이야기

5개국어 구사하는 아들

아들은 이제 5개국어를 한다. 영어와 중국어로는 원어민처럼 말을 하고, 일본어와 스페인어로는 기본적인 생활 회화가 된다. 러시아어는 장기적인 목적으로 하루 한두 문장씩 익혀 나간다. 성경 역사에 관심 많은 아들은 훗날 아랍어와 히브리어도 배워 평생 10개국어는 익히고 싶다고 한다. 이렇게 1-2년 배운 몇 개국어로 각국 원어민과 편하게 소통하고, 평생 10개국어 통달의 꿈을 가진 아들의 모습은 사실 수십년 영어 공부해도 말 한마디 못하는 사람 입장에서는 기적이다.

사실 난 일본어가 한국말처럼 편했던 적이 있지만, 아이들에게는 일본어를 가르치지 않았다. 왜냐하면 일본어를 먼저 하면 발음도 좁아지고, 어순도 영어나 중국어와 달라서 오히려 방해가 될 수 있기 때문이다. 아이들이 나중에 커서 배우고 싶을 때 얼마든지 혼자 배울 수 있을 거라 생각했다.

아니나 다를까, 아들이 중국대학 다닐 때 방학이라 집에 왔는데 갑자기 내게 일본어로 말을 거는 것이다. 긴 문장으로도 제법 말을 잘 한다. 깜짝 놀라 어떻게 배웠어? 물었더니 학교에 일본인 친구랑 이것저것 서로 말 나누다 보니 제법 일본어를 하게 되었단다. 사실 아들은 이미 한국에서 한글로 일본어 기본 다지기를 좀 해 놓은 상태였다. 게다가 일본어는 어순이 한국어랑 똑같아 단어만 익혀도 말이 쉽게 만들어진다는 것이다.

하루는 아들이 영어통역병에 합격하고 입대하기 전, 의외의 말을 해서 참 놀랐다.

내가 군대에서 시간을 그냥 보낼 수는 없잖아. 복무기간 중 부족한 일본어 채우고 스페인어도 훈련해서 올 게요.

내무반 생활하며 몸에 베인 규칙적인 습관으로 스페인어를 또 아침 저녁으로 꾸준히 연습한 것이다. 심지어 휴가 나와서 집에 있을 때에도 정해진 시간이 되면 알람이 울리게 해놓고 스페인어를 읽으러 간다. 그러다가 방에서 나와 나를 앉혀 놓고 엄마 들어봐~ 하더니 입에 익은 걸 책 안 보고 좔~ 외워본다. 또 남이 알아듣든 못 알아듣든 일상에서 혼자 써먹는다.

아뜰 끼엔 아브라 꼬미도 미 빤? (누가 내 빵 먹었어?)

한글로 5개국어 물려준 엄마 이야기

에레스 뚜, 에르마나! (누나지!)

딸 에스 마마. (엄마야.)

이렇게 군대에서 준비한 스페인어를 아들이 또 제대로 써먹는다. 제대 후, 판교 스타트업 지원회사에 6개월간 근무하면서 국가 지원사업으로 전세계에서 온 IT 창업가 80여명을 한국에 정착시키기 위한 일을 했다. 업무 할 때는 기본적으로 영어를 쓰지만 사적인 자리에서는 부담 없이 중국어와 스페인어를 써먹으며 친구를 나라별로 아주 다양하게 사귀었다. 어제는 브라질인 친구를 집에 데려오고, 오늘은 싱가폴인 친구들과 밥을 먹고, 내일은 독일인 친구와 운동을 하러 간다.

딸 역시 의료통역 시험을 영어와 중국어로 모두 합격한 후 곧바로 스페인어에 도전했다. 방법은 물론 한글로 스페인어이다. 교재도 완벽하게 준비되어 있고, 공부방법은 누구보다 더 잘 알고 있다. 아침 저녁 출퇴근 전후로 10분 시간 내서 중얼중얼, 오고 가는 길에도 중얼중얼 훈련한다. 이제 딸과 아들은 만날 때마다 스페인어로 말을 주고받고, 카톡도 주고받는다.

우리 아이들은 아직도 매일매일 한글로 스페인어와 일본어를 일상의 짜투리 시간 속에서 읽고 있다. 딸과 아들은 이제 너무 잘 알고 있다. 외국어는 공부가 아니라 운동이라는 것을. 글자로 접근하는 게 아니고 소리내서 하는 꾸준한 반복훈련이라는 것을. 이게 가장 빠르고 가장 쉬운 방법이라는 걸.

이제 내 인생의 긴 이야기를 마무리하려 한다.

한글로 5개국어 물려준 엄마 이야기

"대한민국 엄마들에게"

언어의 절대 진리! 영어의 본능 한글로영어! 감히 나는 그렇게 말한다. 이 이야기를 처음 시작해서 여기까지 오기까지 참 긴 세월이 흘렀다. 지금 코로나의 격한 골짜기 속에서 조용히 차분하게 그동안 받았던 그 수많은 질문들 속에서 내가 느꼈던 기억, 고민과 한숨, 그 너머 분노감까지 느끼며 그 속상함을 다 정리하려 한다.

제일 많이 들었던 엄마들의 질문은 시험성적은 따라가요? 그렇다. 학교성적 중요하다. 학교영어 성적이 빨리 급상승하길 정말 거의 모든 대한민국 엄마들이 원한다. 학원을 여기저기 보내고 다 해봐도 성적이 안 오르니, 아이들은 극도의 스트레스에 지치고 엄마의 불안함은 급한 결과를 원한다. 초등학교 엄마들은 초등학교 성적을, 중학교 엄마들은 중학교 성적을, 고등학교 엄마들은 고등학교 성적을 원한다. 그러나 초등학교 성적에 맞추면 중학교 성적이 떨어지고 고등학교 성적은 더 떨어진다. 그래서 나는 성적이 급한 엄마들에게 말한다. 선택을 해야 한다고. 지금 당장의 성적을 원하시면 그냥 가던 길을 가야 한다고.

내 자녀와 내가 가르쳤던 아이들을 보면 학교 성적은 당연 상위권이었다! 이 한글로영어는 3개월에서 길게는 6개월 정도 성적이 떨어질 수 있다. 그러나 갈수록 영어가 쉬워지고 점점 잘하게 된다.

대부분의 사람들은 모든 것들이 단숨에 해결되길 바라고 요구한다. 성적이 따라와요? 듣기가 돼요? 읽기가 되나요? 말이 돼요? 3개월 만에 얼마나 돼요? 1년 하면 원어민처럼 돼요? 학교교육도 거치고, 토익 토플 시험도 거치고, 유학 취업관문까지 다 넘고도 영어로 말이 급한 사람들은 정말 많이 묻는다. 얼마 만에 말이 돼요? 읽기만 해서 진짜 말이 돼요? 응용은 되나요? 못 알아듣는데 듣기부터 해야 하지 않아요? 그 많은 영어를 다 해봐도 안 되던데 진짜 말이 된다고요? 게다가 많은 사람들은 나는 머리가 나빠서 안된다며 사회 시스템과 방법이 잘못된 것을 모두 자기 자신을 탓으로 돌린다.

정말 처절함이 느껴진다. 정말 열심히 사는 우리 대한민국 사람들의 영어의 참담한 현실에 눈물이 날 지경이다. 어디서부터

한글로 5개국어 물려준 엄마 이야기

어떻게 잘못된 것인가? 누가 이렇게 조각조각 산산 조각 내버린 거지? 학교 교육 14년을 거쳐서 그 많은 영어 책들, 그 많은 영어 브랜드들, 그 많은 영어 유튜브, 그 많은 영어 영상들, 영어가 미국보다 넘쳐나는데 도대체 왜 내 영어가 안되냐고요!

방법이 잘못돼도 너무 잘못됐다. 입으로 할 것을 눈으로 하니 말이 안 된다. 일상에서 시간을 들여서 입으로 연습해서 뿌리를 내리는 기간이 반드시 필요한데 그 과정 없이 결과부터 얻으려 한다. 그걸 못 참는다. 급해도 너무 급하다. 단숨에 내가 만족해야 하는 뚜렷한 결과를 원한다. 건물을 하나 지을 때도 1층을 넓고 튼튼하게 잘 지어야 얼마든지 높이 올릴 수 있다. 그런데 우리는 영어의 가장 초석인 1층을 건너뛰고 모래 위에 높이 높이 쌓으려 하니 공중누각이 되고, 헛수고가 되고, 아무리 쌓아도 무너지는 것이다.

모두가 쉽게 가는 정해진 시스템을 원한다. 사람마다 용량이 다르고 사는 환경이 다 다른데. 너무 놀라운 건 다들 똑같은 일률적인 시스템을 원한다는 것이다.

우리나라 영어시장은 너무 화려해지고 유명해지고 특별해졌다. 유명한 연예인이 광고하면 나도 금방 될 것 같다. 우리 소비자들은 또 마케팅에 길들여져서 화려하고 유명한 것을 요구한다. 홍수가 나면 물은 사방에 넘쳐나도 정작 내가 마실 물은 없다는데. 우리는 그 어마어마한 마케팅에 길들여져서 모두가 다 따로따로 각자각자 공부한다. 유치원영어, 초등영어, 어른영어, 학교영어, 비즈니스 영어, 여행영어, 고급영어, 토익영어, 토플영어…

감히 말한다. 다 내려놓아야 한다고. 다 잘못되었다고! 그럼 어떻게 해야 하나? 말은 온 가족이 다 같이 하는 것이다. 할아버지 할머니 엄마 아빠 자녀들 다 똑같은 말을 쓴다. 모두 같은 교재로 하는 것이다. 그래야 서로 소통이 되는 것이다. 이렇게 쉬운 방법이 있는데 화려함과 특별함을 쫓아가다 한 번뿐인 내 인생 비싼 돈 들여가며 특별함을 쫓아서 돌고 돌아 너무 먼 길 가지 말고 바로 한글로영어로 돌아와야 한다. 한글로영어 3주 과정 연수에서 모든 것을 다 실습하며 가르쳐 준다! 반드시 배워서 다시 나의 가정에서 일상에서 원점으로 돌아가서 1층부터 쌓아가야 한다.

한국어도 글 없이 배워서 말 잘하듯이 우리 대한민국도 스위스처럼 온 국민이 학력과 상관없이 4, 5개 국어를 구사해 전세계의 언어 선진국이 되고 경제 선진국이 되고, 우리 자자손손들은 언어의 날개를 달고 세계를 누볐으면 좋겠다.

한글로영어 교사연수를 마치고 받은 소감문 중 하나가 아직도 뚜렷하게 기억에 남는다.

한글로 5개국어 물려준 엄마 이야기

"한글로영어는 내 인생에 네 번째 만남이다. 첫 번째는 부모, 두 번째는 배우자, 세 번째는 하나님, 네 번째는 바로 한글로영어와의 만남이다"

이 글을 읽는 여러분도 한글로영어의 만남을 통해서 영어 인생이 행복해지길 바랍니다.

밴드 댓글

다음 이야기가 너~~무 궁금해요~~빨리 올려 주세용~~ 언제 올라오나 목 빼 기다립니다.^^(유은영)

이거 시리즈 웹툰 맞죠? 그죠?!!! (이화인)

정말~~정말 재미있어려 할 때 끝나는 드라마 같아요. 다음회가 궁금해져 요^^ 이건 몇 부작인가요? 느므~~재밌어요^^(김미선)

저는 드라마를 안 봐서 다음 편 기대한다는 말을 이해 못했는데… 원장님 글을 읽으면서 그 말을 바로 이해했어요 ㅋㅋㅋ. 다음 편 빨리 올려줘요~ 최고.(예지맘)

아놔~ㅋㅋㅋ 너무 궁금해서 간지러워요. 어떡하지??!! 제 머리털이 다 빠 지겠어요~(고아라)

어찌 이리 경험들을 꼼꼼히 잘 써내려 가시는지… 살아있는 이야기라서 매 번 쫄깃쫄깃~^^ 흥미진진 리얼스토리!!(전명숙)

와~~ 이렇게 해서 한글로영어가 세상에 나왔군요… 1편부터 다 읽었는데, 감동입니다. 존경합니다….(김경식)

정신이 번쩍 뜨입니다. 미국에 애들을 데리고 나가 있는 처남에게 글 복사 해서 보내야 겠어요~ 감사^^(서명석)

한글로 5개국어 물려준 엄마 이야기

정말 너무 실감나고 웃겨서 엄지손가락이 저절로 움직여지네요. 자식을 키워본 엄마로서 웃음이 저절로 나오는 대목~ 방석 돌리기… (김순덕)

저희 아들이 기다리고 있는 이야기! 학교 갔다 오면 빨리 보여줘야 겠어요 ^^ 정말 좋아 하겠어요ㅋㅋ. (박영은)

나도 함께 드라마 찍는 배우 같습니다. 한글로영어 엄마라서요~ 읽는 내내 심장이 쫄깃해집니다.(안정은)

완전 공감ㅋㅋ. 그 인내와 열정과 다른 아이들까지도 잘 되게 하고 싶으셨던 그 사랑 덕분에 저희는 숟가락만 얹고 갑니다~^^ (예준맘)

늘 읽으면서 느낀 점은 아~ 되는구나 입니다. ㅎㅎ 그리고 꾸준함이 성공에 필수!!(박준형)

내일일은 난 몰라요~~ 하루하루 읽어요~~ 한글로영어^^(글러벌번역공증 정주필)

오늘 아들이 교재를 거침없이 끝까지 줄줄 외우는데 다시한번 한글로영어의 위대함을 느꼈습니다. 남편도 인정하더라구요… 저녁때 퇴근해 오면 "한글로영어 했어?"ㅋㅋ (도훈맘)

저도 잠시 슬럼프에 빠져 이것저것 더 해봤지만… 결국 이것만큼 좋은 게 없어서 다시 시작했습니다.ㅎㅎ(이수연)

엄마는 위대하다. 한글로는 다이아몬드다. (생명사명계명)

한글로영어 맛보기

① 우선 한글 발음 없이 영어 문장만 보고 읽어 보세요.
② 스마트폰으로 오른쪽 QR코드를 찍어 원어민 소리와 내 발음 간의 차이를 비교해 봅니다.

예시 1

야채를 다 안 먹으면 공원에 못 간다.

But you can't go to the park if you don't finish your vegetables.

버츄 캔트 고우루더 팔크 이쀼돈 삐니쉬 유얼 베지터블스.

go to: ~에 가다   park: 공원   if: 만약   finish: 끝내다   don't finish: 끝내지 않다

---

③ 이번에는 한국어 뜻을 한번 읽고, 한글로 표기된 발음을 보며 처음에는 천천히 또박또박 5번, 그리고 좀더 빠른 속도로 또 5번 읽어봅니다. 〈한글로영어〉책 P191 발음기호참조.
④ 이제 QR코드를 통해 원어민 소리를 듣고 똑같이 따라 읽어 보세요.
⑤ 이렇게 소리 그대로 표기된 한글 발음을 내 입으로 여러번 연습하면 가장 정확한 원어민 발음으로 말할 수 있습니다.
⑥ 아래 문장으로 한 번 더 연습해보세요.

예시 2

이런, 카이유가 사라질 리가 없는데 초콜릿 푸딩을 먹고 있을 때는 말야.

Well, it's not like Caillou to disappear when we're having chocolate pudding.

웰, 이츠낱 라익 카이유루 디쓰어피얼 웬 위얼 해빙 쵸콜맅 푸딩.

disappear: 사라지다   when: ~할 때   have: 먹다   are having: 먹고 있다

한글로 5개국어 물려준 엄마 이야기

나는 그에게 관심이 많습니다.
아임 인터레스티딘 힘.
I'm interested in him.
에스또이 인떼레싸다 엔 엘.
Estoy interesada en él.
워 뚜이 타/ 헌 간 씽 취.
我对他很感兴趣。
와따시와 가레니 간신가 아리마스.
私は彼に関心があります。

나는 중국 문화에 관심이 많습니다.
아임 인터레스티딘 촤이니즈 컬철.
I'm interested in Chinese culture.
에스또이 인떼레싸다 엔 라 꿀뚜라 치나.
Estoy interesada en la cultura china.
워 뚜이/ 쭝 궈 원 화/ 헌 간 씽 취.
我对中国文化很感兴趣。
와따시와 쮸우고꾸분까니 간신가 아리마스.
私は中国文化に関心があります。

01

나는 비디오 촬영에 관심이 많습니다.
아임 인터레스티딘 테이킹 비디오즈.
I'm interested in taking videos.
에스또이 인떼레싸다 엔 라 크라바씨온 데 비데오스.
Estoy interesada en la grabación de videos.
워 뚜이/ 스 핀 서 잉/ 헌 간 씽 취.
我对视频摄影很感兴趣。
와따시와 비데오 사쯔에이니 간신가 아리마스.
私はビデオ撮影に関心があります。

나는 ~에 관심이 많습니다
아임 인터레스티딘 ~
I'm interested in ~
에스또이 인떼레싸도 엔 ~
Estoy interesado en ~
워 뚜이~ 헌 간 씽 취
我对~很感兴趣
와따시와 ~니 간신(싱)가 아리마스
私は ~に関心があります

나는 당신에게 관심이 없습니다.
아임 낱 인터레스티딘 유.
I'm not interested in you.
노 에스또이 인떼레싸다 엔 띠.
No estoy interesada en ti.
워 뚜이 니/ 뿌 간 씽 취.
我对你不感兴趣。
와따시와 아나따니 간신가 아리마셍.
私はあなたに関心がありません。

당신은 무엇에 관심이 많습니까?
와랄유 인터레스틷 인?
What are you interested in?
엔 께 떼 인떼레싸?
¿En qué te interesa?
니 뚜이 선 머/ 간 씽 취?
你对什么感兴趣？
아나따와 나니니 간신가 아리마스까?
あなたは何に関心がありますか？

나는 정치에 관심이 많습니다.
아임 인터레스틷 인 팔러틱쓰.
I'm interested in politics.
에스또이 인떼레싸도 엔 라 뽈리띠까.
Estoy interesado en la política.
워 뚜이 쩡 쯔/ 헌 간 씽 취.
我对政治很感兴趣。
와따시와 세이지니 간신가 아리마스.
私は政治に関心があります。

122

이솝우화

영어

A crow was sitting on a tree branch with a piece of delicious cheese in its mouth.

까마귀 한 마리가 입에 맛있는 치즈를 한조각 물고 나뭇가지 위에 앉아 있었어요.

어 크로우 워즈 씨딩 온어 트리 브랜치 위드어 피쓰업 딜리셔스 취즈 인이츠 마우쓰.

crow 까마귀   was ~ing ~하고 있었디   sit on ~위에 앉다   tree 나무   branch 가지

a piece of ~의 한 조각   delicious 맛있는   its 그것의   mouth 입

중국어

一只乌鸦嘴里叨着一块儿好吃的奶酪，

yì zhī wū yā zuǐ lǐ diāo zhe yí kuàir hǎo chī de nǎi lào,

╲ ╲ ╱ ╱ ╲ ╱ ╲ ╱ ╲ ╱ ╱
이 쯔/ 우 야/ 쮀이 리/ 따오 전/ 이 콸/ 하오 츠 더/ 나이 라오,

까마귀 한 마리가 입에 맛있는 치즈를 한 조각 물고,

一只(yì zhī) 한 마리   乌鸦(wū yā) 까마귀   嘴(zuǐ) 입   叨(diāo) 입에 물다   奶酪(nǎi lào) 치즈
동사+着(zhe) ~하고 있었디(진행형)   一块(yí kuài) ~의 한 조각   好吃的(hǎo chī de) 맛있는

站在一根树枝上。

zhàn zài yì gēn shù zhī shàng。

╲ ╲ ╱ ╲ ╱ ╲
짠 짜이/ 이 껀/ 수 쯔 상.

나뭇가지 위에 앉아 있었어요.

站(zhàn) 서다   在…上(zài…shàng) ~위에   一根(yì gēn) 한 줄기   树枝(shù zhī) 나무 가지

일본어

カラスが 美味しい チーズを 口に 加えて 木の枝に 止まっていました。

까마귀가 맛있는 치즈를 입에 물고 나뭇가지에 앉아 있었습니다.

가라쓰가 오이시이 치-즈오 구찌니 구와에떼 기노에다니 도맏떼이마시따.

カラス 까마귀   ~と ~와   ~が ~가   美味しい 맛있디   チーズ 치즈   ~を ~를   口 입
~に ~에   加えて 물고   木 나무   ~の ~의   枝 가지   加えて 물고   止まる 머무르다

훈련 프로그램

1. SNS 채널 안내

유튜브: '한글로영어 공식유튜브' 장춘화 원장 공개강좌 5강 필수 시청

네이버카페: cafe.naver.com/han1905

'한글로영어 공식카페' 아이들 3개국어 훈련영상 실시간 업로드

네이버밴드: band.us/@hangloenglish

'한글로영어 위대한엄마' 전국 학부모님들 실시간후기

네이버블로그: blog.naver.com/112nanury

'한글로영어 공식블로그' 행사일정 및 최신후기

인스타그램: @hanglo_english

한글로영어 교육컨텐츠 구독

2. 영어 중국어 무료 집중훈련(Zoom)

격주 토요일 오후 1~3시, Zoom 화상교육, 예약 접수

무료 참가, 전화신청 1670-1905

3. 영어 중국어 3주 집중훈련(Zoom)

3주간 매주 월목, 저녁 7~10시, 총 6회 18시간, Zoom 화상교육

아이와 부모님이 함께 하는 3주간의 진짜 말문이 트이는 프로그램

한글로영어 교재 사용, 가정과 공부방에서 바로 적용할 수 있는 외국어 교습법 안내

유료 참가, 전화신청 1670-1905

한글로 5개국어 물려준
엄마 이야기

발행일	2022년 8월 15일 초판 1쇄
	2024년 9월 23일 초판 7쇄

지은이	장춘화
그린이	김종성
편 집	김시인
북디자인	이로 김현수
펴낸이	장춘화
펴낸곳	한GLO

주소	서울시 용산구 한강대로 372 A동 501호
전화	02 1670 1905
팩스	02 2272 1905
홈페이지	www.한글영어.kr
등록	2016년 7월 4일 (제 2016-000063호)

ISBN   979-11-90593-25-0 (03700)